Tabubruch

Visionen für mehr Miteinander

Lutz Osterwald

Tabubruch

Visionen für mehr Miteinander

Bibliografische Information der Deutschen Nationalbibliothek
Die Deutsche Nationalbibliothek verzeichnet diese Publikation
in der Deutschen Nationalbibliografie; detaillierte bibliografische
Daten sind im Internet über http://dnb.d-nb.de abrufbar.

Umschlagdesign, Satz, Herstellung und Verlag:
Books on Demand GmbH, Norderstedt

ISBN 978-3-8391-5632-2

*Dr.
Hans-Jochen Vogel*

Vorbild für Anstand

Inhaltsverzeichnis

Vorweggesagt

Die Lösung der gordischen Knoten unserer Zukunft braucht Fantasie ebenso wie nüchternes Nachdenken. Jede Anregung sollte ernst genommen werden.

Es ist meine Überzeugung, dass die besten Werte eines Menschen nicht in dem liegen, was er hat, verdient oder was er sich leisten kann, sondern in seiner Herzenswärme und Hilfsbereitschaft. Nur sind diese Werte allzu oft versteckt unter eingefahrenen Vorstellungen, Erfolgsdruck, Egoismus und Eitelkeit. Weil aber jeder Einzelne diese Werte besitzt und spätestens in Notsituationen auch zeigt, sie also Wirklichkeit sind, ist es kein Traum, sie zur Basis für mehr Miteinander zu machen. Das bedeutet manchmal auch Zurückstecken der eigenen Wünsche. Es ist vergleichbar mit der Liebe: Je mehr ich gebe, umso mehr erhalte ich zurück.

Unter dieser Prämisse habe ich dieses Buch geschrieben.

Lutz Osterwald, Mai 2010

Einleitung

Ein Tabu ist laut Meyers Lexikon ein Gebot, nicht über Dinge zu reden, „über die ‚man' nicht spricht und die ‚man' nicht tut, deren ‚Verbot' aber im Allgemeinen weder rational legitimiert noch funktional begründet ist".

Jahrtausende galt die Erde als Mittelpunkt der Welt. Darüber zu reden, war tabu. Es war ein Tabubruch, als Kopernikus die Sonne und nicht mehr die Erde als Zentrum des Planetensystems erkannte und zu dieser Erkenntnis gegen die allgemeine Meinung stand. Ebenso war es ein Tabubruch, als Bismarck eine bisher unbekannte soziale Ader entdeckte und damit das Tor für etwas mehr Gerechtigkeit öffnete.

So hoch möchte ich nicht hinaus, wenn ich manche Tabus in Zweifel ziehe, die unsere politischen Denkweisen richtunggebend bestimmen.

Wirtschaftswachstum gilt als notwendige Voraussetzung für unser weiteres Wohlergehen. Nach meiner Auffassung ist das nicht mehr dauerhaft realistisch. Der Wirtschaftswissenschaftler Professor Meinhard Miegel[1] vertritt die gleiche Überzeugung. Auch er bricht wie ich ein Tabu.

Würden die 1,7 Billionen Staatsschulden nicht mehr verzinst, fiele die Inflation weit milder aus. Die Gläubiger wären durch

---

[1] Der frühere Leiter des Institutes für Wirtschaft und Gesellschaft in Bonn und jetzige Vorstandsvorsitzende des „Denkwerk Zukunft. Stiftung kulturelle Erneuerung", Autor des Buches „EXIT, Wohlstand ohne Wachstum".

den Werterhalt ihres Kapitals besser entschädigt als durch Zinsen. Darf dieser Gedanke noch ein Tabu sein?

Die Behauptung, dass eine **Deflation** nicht so gefährlich sein muss, wie von vielen angenommen, ist ebenfalls ein Tabubruch.

Seit Helmut Rhode 1978 eine **Maschinensteuer** zur Entlastung der Sozialsysteme vorstellte, galt eine Diskussion darüber als tabu. Weil die Sozialsysteme jetzt vor dem Kollaps stehen, darf es kein Tabu mehr geben.

Es ist eine Illusion, **Gesundheitskosten** allein mit Verordnungen in den Griff zu bekommen. Jeder Einzelne muss sich persönlich verantwortlich fühlen und bereit sein, auf gewisse Leistungen und Vorteile zu verzichten. Es wäre im Interesse des Gemeinsinns, und es ginge allen besser. Wenn sich alle bemühten, käme die gute Tat auf jeden zurück, und der scheinbare Verzicht gereichte zum Vorteil. Es darf nicht tabu sein, darüber zu sprechen.

Ein Tabu ist bereits gefallen. Viele Jahrzehnte lang galten staatliche **Konjunkturprogramme** als desolat. Ich sehe noch „Plisch und Plumm" – oder besser Prof. Karl Schiller und Dr. Franz Josef Strauß – gegen entsprechende Vorschläge der Gewerkschaften wettern. Heute wird gewaltig subventioniert.

Dass Terrorismus und Untergrund noch nie, selbst in Diktaturen nicht, durch militärische Mittel besiegt wurden, sollte zum Nachdenken über heutige Konfliktlösungen anregen.

Es folgt ein Überblick über meine weiteren Themen:

Im ersten Kapitel möchte ich eine Lanze für die Politiker brechen. Das Weltgeschehen ist so vielfältig, so sehr von unterschiedlichen Entwicklungen und Einzelinteressen abhängig, dass eine richtige Prognose und damit richtiges Handeln eher Zufallstreffer sein dürften. Trotzdem wurden wir rückblickend in meinen Augen von den Regierenden ordentlich geführt.

Als Arzt verstehe ich etwas von der Medizin. Ich befasse mich im Kapitel „Das Gesundheitswesen" mit der Lösung dessen scheinbar unlösbarer Finanzierbarkeit. Alle Bemühungen um eine greifende Reform bleiben Stückwerk, solange nicht alle Beteiligten zur Einsicht kommen, dass die medizinische Versorgung in allererster Linie den Kranken dienen muss und persönliche Vorteilsnahme erst an zweiter Stelle kommen darf. Dass eine solche Einsicht möglich ist, zeigt die „grüne" Revolution, die zu Beginn kaum einer für möglich gehalten hat.

Im Kapitel „Arbeit" versuche ich, das Problem der Arbeitslosigkeit zu entschärfen, indem ich eine bessere Verteilung der Freizeit empfehle.

In „Überschaubare Wirtschaft" zeige ich am Beispiel einer von virtuell tausend Personen bewohnten Insel, wie Missstände dort sofort sichtbar werden, man sie unverzüglich beseitigt und entsprechende Konsequenzen zieht. Das ist in einem großen Gemeinwesen mit vielen Millionen Menschen bestenfalls mit Verzögerung möglich.

Ein besonderes Anliegen von mir ist die Finanzierung der Renten. Der „Generationenvertrag" allein reicht nicht mehr aus. Dass es immer weniger junge Leute gibt, die für die Renten aufkommen können, ist bekannt. Die Produktionskapazität und damit die zur Verfügung stehenden Güter bleiben aber auch bei einer geringeren Anzahl von Menschen gleich, erhöhen sich sogar. Roboter (Maschinen) füllen die Lücken, zahlen aber weder Steuern noch Sozialbeiträge. Ich greife deshalb den Vorschlag von Helmut Rhode (1978) auf und diskutiere eine Maschinensteuer.

Des Weiteren beschäftige ich mich mit den Staatsschulden. Dazu ist es mir ein Anliegen, Hans-Ulrich Jörges mit seinem Aufsatz über „Die Stunde der Starken" zu zitieren.

Im Anschluss daran stelle ich einen englischen Denker vor, der mit seinem Modell „Red Toryism" die gesellschaftlichen Fragen durch eine Verschmelzung von rechter und linker Politik lösen möchte.

Nachdem ich mir schließlich noch über Klima, Bildung und Auswanderung Gedanken gemacht habe, komme ich schlussendlich zur Zukunft, wie ich sie erhoffe. Wirtschaftswachstum soll nicht mehr das Zauberwort sein, sondern Wachstum in Werten wie Miteinander und Qualität. Statt einer düsteren, drohenden Zukunft soll das Positive die Entwicklung bestimmen.

Fast alles mag schon gedacht worden sein und ich bin mir darüber im Klaren, dass ich manches wiederhole. Bekanntes wird jedoch oft nicht umgesetzt, weil es keine Akzeptanz findet oder das Verständnis fehlt. Das möchte ich ändern und gleichzeitig diejenigen meiner Ideen einbringen, die originell sind, aber auch verbessert werden möchten.

Im Großen und Ganzen baue ich auf meinen früheren Büchern auf, die auf der letzten Seite kurz vorgestellt werden. In ihnen finden sich zusätzlich Abhandlungen über Glauben, Liebe, Freundschaft, Ausführliches auch über Kinder, Manipulation und Migration.

In vielen Gesprächen habe ich immer wieder festgestellt, dass „das Volk" mir in vielem zustimmt oder wenigstens nachfragt. Ich spreche mit Taxifahrern, die viele Kontakte knüpfen, mit Verkäuferinnen ebenso wie mit Professoren, also „querbeet". Und siehe da, die Menschen denken viel mehr nach, als ihnen zugetraut wird, und ich finde meistens Zustimmung.

1. Politiker

Die Zeiten wandeln sich. Manchmal kaum bemerkbar, dann wieder mit Wucht. Wir meinen immer, diejenigen, die „am Hebel" sitzen, könnten den Lauf der Dinge vorausschauend erkennen und entsprechend handeln, wobei ich in erster Linie von Politikern, die die Exekutive ausüben, von Wirtschaftsführern und im weitesten Sinne von Zukunftsforschern rede. Das Vertrauen in ihre Weitsicht schwindet jedoch zusehends, der Glaube an ihre Kompetenz ebenso. Das soll bitte nicht als Vorwurf verstanden werden, denn das Weltgeschehen ist so vielfältig, so sehr von unterschiedlichen Entwicklungen und Einzelinteressen abhängig, dass eine richtige Prognose eher ein Zufallstreffer ist. Das wissen wir alle. Dazu brauche ich nicht die Wirtschafts- und Finanzkrise anzuführen, die, „hätte man nur dies oder jenes getan", bei uns jedenfalls hätte vermieden werden können.

Nichtsdestotrotz sind wir im Großen und Ganzen ordentlich regiert worden. Es geht den Menschen gut, jedenfalls den meisten. Dafür sollten wir dankbar sein und nicht glauben, die Politiker denken nur an sich. Auch wenn sie es tun, sie sind schließlich keine Heiligen, liegt ihnen ebenso das Gemeinwohl am Herzen. Dafür sorgen schon ihr Verantwortungsgefühl und der Gedanke an ihre Wiederwahl.

Um möglichst gut agieren zu können, ist eine gute Information unumgänglich. Bei aller Vielfalt beruht sie fast ausschließlich auf der Arbeit der Medienagenturen, deren Redakteure und Reporter recherchieren und informieren. Sie sind in der Lage, ein Resümee zu ziehen und übernehmen damit eine große Verantwortung.

Nicht nur ich, sondern die meisten empfinden die sich wider-
sprechenden Aussagen zum Zeitgeschehen und die Verunglimp-
fung nicht nur der Gegenspieler in der Politik als verwirrend, ja
peinlich. Wenn wir auch die demokratische Debatte schätzen
und nicht darauf verzichten wollen, tut ein ordnendes Wort von
Zeit zu Zeit gut. Diese Aufgabe erfüllt der Bundespräsident.
Alles kann er nicht erreichen, denn wir haben keine Diktatur.
Gottlob!

Es gibt so manches, was nicht gut ist. Wir lassen zu, dass jährlich sehr viele, meist qualifizierte, Menschen das Land verlas-
sen und durch Immigranten ersetzt werden, die ihre eigenen
und unsere Hoffnungen nur zu oft nicht erfüllen können. Wir
lassen zu, dass viele strebsame Menschen, z. B. alleinerziehende Mütter, in Hoffnungslosigkeit fallen und vieles mehr.

Zudem gibt es weitere „Baustellen", die uns beschäftigen:
Gesundheitssystem, Renten, Gerechtigkeit, Arbeitslosigkeit,
Afghanistan, Sorgen um die Zukunft, Bildung, Umwelt, ganz zu
schweigen von der Finanz- und Wirtschaftskrise. Das Ringen
um Lösungen spaltet die Menschen und die Parteien, sogar die
Koalition. Dazu habe ich mir Gedanken gemacht, die ich in den
folgenden Kapiteln vortrage.

2. Das Gesundheitswesen

Die Welle schlägt hoch. Haben wir es nicht schon immer gewusst: Auch die neue Reform geht schief. Zusatzbeiträge sollen es bringen. Und schon regen sich die Stimmen, die sagen, die Kosten der Verwaltung würden die Beträge zum großen Teil auffressen. Und der Gesundheitsminister spricht von „unsozial".

Thomas Exner, Redakteur der Zeitung DIE WELT, fordert am 26.01.2010: „Für die notwendigen Sparideen muss nun Gesundheitsminister Philipp Rösler (FDP) sorgen. Sinnvolle Möglichkeiten dazu gibt es genug. Experten schätzen die Effizienzreserven im deutschen Gesundheitssystem auf etwa ein Fünftel der Ausgaben. Es ist höchste Zeit, sie endlich zu heben."

Wie, sagt er an dieser Stelle nicht. Das müssten die Experten tun. Aber wer sind diese Experten? Ärzte, die zu wenig von Verwaltung verstehen, Bürokraten, die zu wenig von Kranksein und Krankheitsversorgung wissen. Politiker, die von beidem zu wenig begreifen. Pardon, natürlich will ich keinem zu nahe treten und auch keinen beleidigen. Ehrliches Bemühen darf unterstellt werden. Aber so ist es nun einmal. Es ist offenbar unmöglich, den richtigen Konsens zu finden und vor allem richtig zu analysieren. Horst Seehofer, einst Gesundheitsminister mit großen Ambitionen, gestand nach schwerer Krankheit ein, die Dinge jetzt ganz anders zu sehen. Da war er aber nicht mehr zuständig.

Jedenfalls ist mit Verwaltungsverfügungen bisher jede Reform gescheitert. Jede noch so gute Idee wird von denjenigen vehement attackiert, die sich eingeschränkt fühlen.

Ich möchte, aus meiner Erfahrung heraus, einen Beitrag für ein besseres Gesundheitssystem leisten, dürfte jedoch, wenn mir überhaupt jemand zuhört, mit Gegenbeweisen überschüttet werden. Man mag einwenden: „Der ist ja schon Rentner, den geht es nichts mehr an." Aber gerade als Vater und Opa und eingefleischter Humanist denke ich eben nicht nur an mich selbst, sondern suche gute Lösungen für alle.

Also hören Sie mir bitte zu!

Jede Reform des Gesundheitswesens dürfte erst dann zum Ziel führen, wenn sich die grundsätzliche Einstellung aller, die sie angeht, ändert. Die Gesundheitsreform ist ein Vorhaben, das die beste Versorgung aller Menschen unter vertretbaren Kosten erreichen will. Um Letztere geht es. Seit mehr als drei Jahrzehnten bemühen sich Experten aus Politik, Ärzteschaft und Verwaltung darum, die ausufernden Kosten in den Griff zu bekommen. Begriffe wie Selbstbeteiligung, Einheitlichkeit, Machbarkeit, Pauschale oder Einzelabrechnung, Deckelung der Ausgaben und zuletzt der Gesundheitsfonds waren und sind wichtige Schritte. Die Vision der „Kopfpauschale" wird bereits zerredet, ehe sie verstanden wird.

Die Kostensteigerung lässt sich jedoch nicht ausreichend bremsen, solange die Mehrheit der Beteiligten vorrangig auf den eigenen Interessen verharrt und nicht zugunsten der immer besseren medizinischen Möglichkeiten Abstriche macht. Und zwar möglichst jeder. Das ist wie bei einer Sandburg. Wenn sie von einem Gitternetz (bürokratische Gesetze) umhüllt ist, wird jeder Windstoß Sandkörner (Ressourcen) wegblasen. Nur wenn der Sand in sich fest ist (Einsicht der Beteiligten), bleibt die Burg erhalten.

Eine Begründung für zwangsläufige Kostensteigerungen mögen folgende Beispiele geben. Dabei darf nicht vergessen werden, dass durch bessere Diagnosen und Therapien durchaus auch kürzere Krankheitszeiten und damit geringere Kosten resultieren können.

Als junger Arzt, der ich vor mehr als 50 Jahren war, habe ich miterleben müssen, dass Menschen an Krankheiten starben oder litten, die heute nicht selten geheilt oder zumindest gestoppt werden können. Als Beispiel seien die Leukosen oder die akuten rheumatischen Krankheiten genannt. Heilungen oder wenigstens Besserungen, wie sie heute gang und gäbe sind, waren nicht möglich. Gleiches gilt für Herzerkrankungen und bösartige Geschwülste, aber auch für weniger Spektakuläres, das durch eine viel bessere Diagnostik überhaupt erst definiert und behandelt werden kann. Denken wir an die Borreliose oder das Magengeschwür. Welchen extremen Fortschritt stellen die Kernspintomografie und die Diagnostik der Herzkranzgefäße dar – oder die Wiederentdeckung, dass Gesundheit auch vom eigenen Willen des Kranken und von der Führung der Ärzte abhängt.

All dies soll möglichst nicht mehr kosten. Eine Rückführung der Leistungen, mehr Eigenbeteiligung und komplizierte Regulierungen haben nicht den erhofften Durchbruch gebracht. Dass die Versorgung in den wichtigsten Bereichen ausreichend bleibt, ist in erster Linie auf das Engagement des Pflegepersonals und der Ärzte zurückzuführen.

Englands extremere Herangehensweise an das Thema hat, soweit ich das beurteilen kann, keinen zufriedenstellenden Erfolg gezeitigt: Ab einem bestimmten Alter fielen Leistungen flach. Keine neue Hüfte mehr, kein neues Knie usw. Das kann nicht unser Ziel sein.

Was hierzulande besser gemacht werden kann, soll das nun folgende Konzept erläutern.

Ein zweites Bein der Gesundheitsreform

Präambel:
Bei den Verhaltensweisen im Gesundheitswesen stehen die Aussagen „Das steht mir zu, bitte nicht bei mir sparen" und auch „Ich war lange nicht krank, jetzt hole ich meine Beiträge wieder rein" zu weit oben. Sie sollten ersetzt werden durch: „Das ist nötig und darauf kann ich verzichten." Die Grundhaltung muss sich ändern, ebenso wie die verbreitete Ichbezogenheit derjenigen, die mit der Krankheit zu tun haben. Das ist nicht etwa nur vernünftig, sondern zur Vermeidung eines finanziellen Desasters zwingend nötig. Will man lieber (schwer) krank sein, damit sich Krankenkassenbeiträge lohnen? Ist denn Gesundheit nicht unbezahlbar?

Die Gesundheitskosten werden aufgrund der zunehmenden Überalterung und der zusehends teurer werdenden Fortschritte der Heilkunst zwangsläufig immer mehr steigen. Ein Verzicht auf den Fortschritt oder auf eine angemessene Versorgung der Kranken, insbesondere der Alten, als mögliche Alternative ist für mich unakzeptabel. Um die Kosten im Rahmen zu halten, muss ein Umdenken aller stattfinden.

Wenn nur wenige Prozent der Operationen durch kritische Prüfung vermieden, Medikamente nur bei absoluter Notwendigkeit eingenommen und (schädliche) Doppelmedikation vermieden würden, ja wenn jeder einen Augenblick nachdenken würde, was verschwendet sein könnte und Konsequenzen zöge, auch wenn es nicht unmittelbar zu seinem Vorteil ist, dann dürfte es keine finanziellen Probleme in diesem Bereich mehr geben. Es wäre im Interesse des Ganzen, und es ginge a l l e n besser. Wenn sich alle bemühten, käme die gute Tat auf jeden zurück, und der scheinbare Verzicht gereichte zum Vorteil.

Konkret denke ich an die Medien, die dem Umdenken den Boden bereiten können. Und jeder, der selbst überzeugt ist, kann in Gesprächen andere überzeugen.

Solch ein Umdenken gab es schon einmal, als die „Grünen" den Umweltschutz einforderten. Also gibt es auch für den ebenso wichtigen Bereich des Gesundheitswesens Hoffnung auf Änderung, ja, es muss Hoffnung geben. Es kann nicht sein, dass es uns wie den Fischern geht, die die Fischgründe bis zur Ausrottung leer fischen und sich dann wundern, dass nur noch Mangel herrscht (Zitat von Uwe Muuß).

Deshalb habe ich im Folgenden all das zusammengetragen, was ich für möglich und richtig halte.

1. Vermeiden von Unnötigem:

Es ist ein offenes Geheimnis oder eine verdrängte Wahrheit, dass viele Medikamente, Operationen, Krankschreibungen unnötig wären, wenn zum einen eine bessere Prophylaxe, zum anderen aber auch eine strengere Auswahl der Therapien erfolgen würde. Tatsache ist, dass vielfach Medikamente zwar verschrieben und gekauft, aber nicht eingenommen werden. Krankschreibungen sind deutlich zurückgegangen. Das beweist den Missbrauch in früheren Zeiten, der bei gesicherten Arbeitsplätzen auch heute noch bestehen könnte. Diesen Missbrauch sehe ich beim „Krankfeiern", nicht beim Kranksein. Ein Kranker gehört nicht an den Arbeitsplatz. Er würde sich gefährden und möglicherweise andere anstecken, er verschleppt die Krankheit und könnte Fehler machen.

Teure medizinische Maßnahmen mögen durchaus in den meisten Fällen sinnvoll sein, gleichartige Erfolge dürften jedoch manchmal gleich gut auf preiswerteren Wegen erreicht werden. Wenn Operationen unnötig, ja schädlich sind, muss das dringend überprüft und geändert werden.

Konkret: Überdenken von eingefahrenen Gewohnheiten.

2. Abwägen der Therapien:
Nach meiner Erfahrung teilen sich die Krankheiten auf in solche, die

> a. „von selbst" heilen,
> b. durch eine Therapie heilen,
> c. trotz einer Therapie heilen,
> d. durch eine Therapie erst entstehen.

Die Selbstheilungen (a) schreiben sich alle Therapeuten auf ihre Fahnen. Maßnahmen und Kosten mit Ausnahme der Diagnosestellung sind in diesen Fällen eigentlich nicht nötig. Von Ärzten weiß ich, dass ihnen die Differenzierung zu behandlungspflichtigen Erkrankungen aufgrund ihrer Ausbildung und ihrer Erfahrung möglich ist. Der mögliche höhere Zeitaufwand und Argumente wie: „Der Patient wünscht das, die Medikamente wirken als Placebos über die Psyche", dürfen nicht verhindern, die richtigen Konsequenzen zu ziehen. Man muss es nur wollen.

Ohne die Selbstheilung, die es ja beispielsweise beim defekten

Auto nicht gibt, stünden die Therapeuten ganz anders und bestimmt nicht besser da.

Die ärztliche Kunst setzt erst dort wirklich ein, wo eine richtige Diagnose gestellt wird und die richtige Behandlung (b) erfolgt, ohne die eine Erkrankung nicht geheilt würde. Hier ist das Beste gerade gut genug, ohne Wenn und Aber. Die Honorierungen und die Kosten müssen sich am Resultat orientieren, nämlich der Gesundung, und nicht am quantitativen Aufwand der einzelnen Maßnahmen. Ist es nicht paradox, dass derjenige unter Umständen mehr verdient, der für ein gleiches Resultat mehr technischen Aufwand benötigt als ein anderer? Es ist ebenso abstrus, dass das Honorierungssystem den Arzt zur Massenabfertigung zwingt, um überleben zu können.

Konkret: Schaffung von Möglichkeiten, Qualität und Sparsamkeit zu fördern, ohne sie pekuniär zu bestrafen. Das könnte durch eine freiwillige Selbstkontrolle der Ärzteschaft erreicht werden.

Zum Punkt (c) ist beispielsweise aus meinem Fachgebiet HNO anzuführen, dass eine Mittelohrentzündung erst dann Antibiotika erfordert, wenn Komplikationen ins Haus stehen. Jahrzehntelang gehörten Antibiotika zum Standard, man war als Therapeut „auf der sicheren Seite", wenn man sie verordnete. Heute setzt sich die Zurückhaltung allmählich durch, die nachteiligen Folgen (d) und natürlich die Kosten werden vermieden. Hier zitiere ich, als einen von vielen, Prof. Dr. Peter Schleicher, München: „Chemiekeulen bringen (bei Virusinfekten) übrigens – wenn überhaupt – nur am ersten Tag etwas, haben viele Nebenwirkungen. Gefährlich ist der schnelle Griff zum Antibiotikum: Es zerstört wichtige Teile des Immunsystems, z. B. im Darm." Auch Pilzinfektionen nach Antibiotikagabe sind nur allzu bekannt.

Konkret: Herausfinden von entsprechend häufig vorkommenden Beispielen bezüglich „Übertherapien" und Erarbeitung von Leitlinien für Einsparungen ohne Qualitätseinbuße.

Die Kapazitäten der Naturheilkunde, der Homöopathie und anderer sogenannter paramedizinischer Methoden werden inzwischen von der Schulmedizin nicht mehr ganz so scheel angesehen, von Patienten hingegen in ganz großem Maße genutzt. Dabei ist es nicht allein die menschliche Zuwendung, die diese Richtungen auszeichnet, sondern auch verblüffende, tatsächliche Heilerfolge, über die ich als Betroffener persönlich berichten kann und mit mir viele andere auch. Es ist der Mühe wert, auch diese Wahrheiten in die Reformen einzubinden, vor allem die der psychischen Führung. Daraus dürften sich große Sparpotenziale ergeben.

Konkret: Nicht ein Nebeneinander, sondern ein Miteinander der Therapeuten, von denen sich ein jeder fragen sollte, was er für sich höchstpersönlich machen würde. Das wäre dann auch für seinen Patienten das Beste.

3. „Papierkram":

Die Notwendigkeit der organisatorischen Maßnahmen der bisherigen Reformen zweifele ich nicht an. Beispielsweise hat die Erfassung der Daten mithilfe der EDV es überhaupt erst möglich gemacht, die komplizierten Kostenzusammenhänge zu analysieren, vielleicht sogar richtig auszuwerten und Konsequenzen zu ziehen. Viele der Mehrbelastungen aus der Anfangszeit nach Einführung der EDV sind inzwischen Routine geworden. Die ständigen Anforderungen von Verwaltungen, wie z. B. Begründungen und Rechtfertigungen, führen jedoch immer noch zu einem enormen Mehraufwand an Zeit und Kosten, der sich für die Versorgung negativ auswirkt.

Konkret: Hier müssen Vereinfachungen und nicht ständig Änderungen und Zusätze erfolgen. Vieles könnte über Automatismen geschehen.

4. Klärung der Haftung:

Kaum ein Gesprächspartner, der nicht etwas über ärztliche Versäumnisse und vermeintliche Kunstfehler zu berichten weiß. Trotzdem stehen Ärzte an der Spitze der am meisten geachteten Berufe, und das bestimmt nicht zu Unrecht. Tatsächlich kommen wirkliche Kunstfehler selten vor. Der Angst vieler Ärzte, verklagt zu werden, wenn sie nicht eine kostenträchtige Maximaltherapie und -diagnostik anwenden, führt zu enormen Kosten und oft nicht zu höherer Effizienz. Zudem verkümmert die so wichtige ärztliche Intuition. Wird auf Maximalaufwand verzichtet, sollten Verurteilungen wegen dieses Verzichtes nur bei grober Fahrlässigkeit möglich sein. Das Recht der Patienten auf Entschädigung nach Falschbehandlung darf selbstverständlich nicht eingeschränkt werden. Als Gegenleistung ist von ärztlicher Seite und anderen Therapeuten äußerste Sorgfalt, interkollegiale Diskussion der Krankheitsbilder und Weiterbildung aufzubringen.

Der frei praktizierende Arzt ist im Gegensatz zum Klinikarzt in seiner Berufsausführung kaum einer fachlichen Debatte ausgesetzt. Das wird von sehr vielen – besonders jungen – Ärzten bedauert. Deswegen sollten regelmäßige Ärztetreffen, interdisziplinär erweitert, zum Forum werden, oder aus Altersgründen ausgeschiedene Ärzte könnten mit ihrem Rat in Einzelfällen mehr Sicherheit geben.

Konkret: Haftung nur bei grober Fahrlässigkeit, um Maximal-
diagnostik und -therapie auf das Nötigste zu beschränken.

5. Selbstbeteiligung:

Würde man in einem Kaufhaus anbieten, für einen Pauschal-
preis so viel einkaufen zu dürfen, wie man will, dann würde
zwar der Umsatz enorm steigen, weil viel Unnötiges mitge-
schleppt würde, aber dem Geschäft drohte der Konkurs. So
ist es auch in der Medizin. Das Pauschalsystem verführt zum
Konsum. Die Zuzahlungen oder die Praxisgebühr sind ein erster, aber unzureichender und wohl auch zweifelhafter Ansatz,
weil sie besonders die chronisch Kranken und die ärmeren
Menschen treffen. Besser wäre es, einen bestimmten Teil des
Geldes aus dem Krankenkassenbeitrag anzusammeln, das bei
Krankheit Schritt für Schritt in Anspruch genommen wird.
Für jeden neuen Kostenfall wird ein bestimmter Prozentsatz
aus dem Angesammelten entnommen, nicht alles auf einmal.
Bleibt etwas übrig, wird es ausbezahlt.

Konkret: Eine Inanspruchnahme medizinischer Leistungen
muss (leider) etwas kosten, ohne den Einzelnen über Gebühr
zu belasten.

6. Ursachen von Krankheiten:

Viele Erkrankungen sind nicht schicksalsbedingt, sondern
Folge von Unwissenheit, Gleichgültigkeit und Sünden (Alkohol, Nikotin) gegen den Körper. Ein weiteres Beispiel: Bewe-
gung. Es ist wunderbar, dass inzwischen Initiativen auch von
höchster Stelle gestartet worden sind, die der Trägheit der
Menschen Beine machen möchten. Die Verinnerlichung steht
erst am Anfang. Ebenso die Erkenntnis, dass Motivation, posi-

tives Denken und Handeln gesund erhalten. Sich ein Ziel, und sei es noch so klein, zu setzen und zu erreichen und damit eine Aufgabe zu erfüllen, hält gesund und biologisch jung. Das gilt besonders für Pensionäre. Der Zuwachs an dieser Erkenntnis und die Umsetzung dieser Überlegungen sollten aber schneller sein als der zwangsläufige Kostenanstieg.

Konkret: Selbstverantwortung für die eigene Gesundheit. Wissenswertes vermitteln die Medien schon heute in dankenswerter Weise.

7. Prophylaxe:

Mundschutz und richtiges Bedecken des Mundes beim Husten (in die Ellenbeuge husten), Abstand halten zu infektiös Erkrankten und gute Hygiene stellen einfache Maßnahmen dar, die Krankheiten vermeiden können. Weitere Möglichkeiten sind das Erlernen von „Abrollen" bei einem Sturz zur Vermeidung von Brüchen oder vernünftiges Essen bei Übergewicht und vieles mehr.

Konkret: Einfachste Maßnahmen zur Kostendämpfung.

8. Vorrang der Gemeinnützigkeit:

Jeder ist sich selbst der Nächste. Aber keiner kann ohne die Gemeinschaft überleben. Eine kleine Gruppe von Schiffbrüchigen auf einer kleinen Insel kapiert das sofort. Die Millionen Menschen eines Staates scheinen sich nicht klar darüber zu sein, dass auch sie aufeinander angewiesen sind. Sie halten die allgemeine Ungerechtigkeit für normal, solange sie Nutznießer sind. Für die Gesundheit muss aber für alle das Gleiche gelten, so wie beim Tod. Deshalb sollten diejenigen, die das Glück der

Gesundheit geschenkt bekommen haben, dankbar sein und auf Eigennutz zwar nicht verzichten, aber ihn zugunsten von Gemeinnutz im Rahmen halten. Dazu gehört auch der persönliche verantwortungsvolle Umgang mit den Ressourcen des Gesundheitswesens. In diesem Zusammenhang ist auch darüber nachzudenken, dass die Beiträge zur Krankenversicherung ab einem bestimmten Einkommen de facto immer geringer ins Gewicht fallen, je mehr Geld jemand zur Verfügung hat.

Konkret: Wir sitzen alle in einem Boot. Die Sanierung des Gesundheitswesens ist nicht Sache der Politik allein, sondern die eines jeden Einzelnen.

9. Vermeiden der Staatsmedizin:

Die Ichbezogenheit aufzugeben ist – scheinbar – gegen die menschliche Natur. Aber überzeugende Argumente, wie sie etwa bei der angesprochenen „grünen" Gesinnungsänderung Grundlage waren, könnten nach und nach fruchten. Wenn allerdings kein freiwilliger Konsens erreicht wird, werden die Beteiligten erkennen müssen, dass der Egoismus zur Staatsmedizin geführt hat, das aber mit neuen Ungerechtigkeiten und mit schlechterer Leistung. Dann jedoch kommt die Erkenntnis zu spät.

Konkret: Ein verstaatlichtes Gesundheitswesen ist nur scheinbar ein Ausweg. Zur Vermeidung ist ein Umdenken aller, die beteiligt sind, nötig. Geschieht dieses Umdenken nicht, haben wir es nicht besser verdient.

Krank – gesund

Der Teufel steckt im Detail. Viele kleine eigene Erlebnisse stehen für zahllose andere. Sehe ich es richtig? Oder nicht?

Eine Patientin mit fester Anstellung wird im Urlaub krank. Sie kommt gesund wieder. Jetzt will sie krankgeschrieben werden, weil sie sich ja nicht so richtig erholt hat. Das ist natürlich irgendwie verständlich. Aber es zeigt, wie weit manche Leute die Konsequenzen an andere abgeben möchten.

Ein anderes Beispiel: Ein Staatsdiener, der in der Nähe wohnt, weiß immer ganz genau, wann er im Sommer krank wird. Er verlängert damit seinen Urlaub oder schafft sich Zeit, um seinen Hobbys nachzugehen. Der Gleiche ist auch häufig montags oder freitags krank. Er braucht für den einen Tag keine Bescheinigung. Man sieht ihn dann im Garten werkeln oder verreisen. Wenn es in einer Pressemeldung heißt, Staatsdiener seien gegenüber allen anderen Arbeitnehmern viel häufiger krank, so mag das auf diese Ausnahmen zurückzuführen sein. Sie nutzen ihre Arbeitsplatzsicherheit aus und fälschen damit die Statistik. Den Kritikern geben sie willkommenen Anlass, auf die „Beamten" zu schimpfen, deren überwiegende Mehrzahl indessen genauso anständig ist wie alle anderen auch. Das kann ich als ehemaliger Staatsdiener wirklich beurteilen.

Ein anderer Fall: Eine Ehefrau möchte ein Gutachten, damit sie für ihren sterbenden Mann eine Lebensversicherung abschließen kann. Er weiß angeblich nichts von seiner schweren Krankheit und macht sich deswegen nicht des Betruges schuldig.

Früher war es Standard, nach Mandelentfernungen 14 Tage krankgeschrieben zu sein mit Krankengeldzahlung. Dann kam eine Regelung – es ist eine Weile her –, erst nach 14 Tagen Krankheit Krankengeld zu zahlen. Dann für die ganze Zeit. Prompt wurden daraufhin 15 Tage „Krankschreibung" verlangt. Lehnte man ab, wie mein Vater es tat, wurden die Leute von einem anderen Arzt eine weitere Woche krankgeschrieben, und nicht etwa nur einen Tag.

Warum ich das schreibe? Stecken dahinter nicht nur lauter menschliche und durchaus verzeihliche Schwächen? Ich will darüber nicht urteilen. Aber diese vermeintlichen kleinen Fragwürdigkeiten sind weitverbreitet. Sie kosten Geld, das an anderer Stelle besser ausgegeben würde. Wenn es gelänge, die grundsätzliche Einstellung der Menschen zu ändern, die so etwas tun, verbesserte sich die finanzielle Lage der Krankenkassen deutlich. Die Tatsache geringer Krankenstände in Zeiten hoher Arbeitslosigkeit ist Beweis genug für den vielfachen Missbrauch, der getrieben wurde und immer noch wird. Besonders, wenn der Arbeitsplatz nicht gefährdet ist.

Muss es immer erst zur Beinahekatastrophe kommen, ehe auch der Letzte begreift, dass er nur dann seine Mitmenschen für sich sorgen lassen darf, wenn er wirklich in Not ist? Wie leicht werden die sonst hilfsbereiten Leute unwillig, weil sie sich ausgenutzt fühlen?

3. Arbeit und Verteilung der Freizeit

Kurzarbeit, Zwangsurlaub, Zeitkonten usw. sind erfolgreiche Bemühungen, Entlassungen zu vermeiden. Mein Vorschlag zielt in die gleiche Richtung und könnte eine Alternative zur Kurzarbeit sein, die, wie man hört, auslaufen soll.

Statt einen Einzigen aus einem Kreis von z. B. zehn Mitarbeitern zu entlassen, sollte jeder der Mitarbeiter für je ein Zehntel der Zeit entlassen werden und für diese Zeit Arbeitslosengeld beziehen. Damit wird Freizeit verteilt und nicht einem Einzigen aufgezwungen.

Die Zahlen sind variabel. Beschäftigt ein Betrieb zum Beispiel zehn Mitarbeiter und will einen entlassen, so behält er alle Mitarbeiter, die aber nur neun Zehntel der vollen Beschäftigungszeit tätig sind. Die Arbeitszeitverkürzung kann in kürzerer Tages-, Wochen- oder Monatsarbeitszeit erfolgen. Das stellt sich bei der Kurzarbeit nicht so einfach dar. Ein weiterer Unterschied zur Kurzarbeit liegt in der Finanzierung, einmal durch den Staat, einmal durch die Agentur für Arbeit. Letztlich läuft es auf das Gleiche hinaus.

Meinen Vorschlag machte ich zuerst 1985. Damals schrieb ich an Politiker, Arbeitgeber, Gewerkschaften und die damalige Bundesanstalt für Arbeit, wo ein ehemaliger Klassenkamerad von mir arbeitete. Es gab zwar Zustimmung, aber keine Konsequenzen. Der damalige Leiter des Arbeitsamtes Hannover bot mir sogar aktive Hilfe an, falls ich eine Firma für einen „Probelauf" finden würde. Auf meine entsprechenden Anfragen erhielt ich entweder keine oder abwinkende Antworten.

Der Einzige, der sehr positiv reagierte, war der Gewerkschaftler Franz Steinkühler, der dann leider aus bekannten Gründen von der Bildfläche verschwand. Ein anderer führender Gewerkschaftler, den ich als Patienten kannte, schien von meinem Konzept überzeugt zu sein, konnte sich jedoch nicht durchsetzen. In der Folge kam es in seiner Firma zu Massenentlassungen.

Zunächst einmal wird es zu meinem Vorschlag heißen: „Das geht nicht." Es geht doch! Ich habe ihn mit Unterstützung der Stadt Hannover in der von mir geleiteten Klinik mit Erfolg praktiziert, und manche Berufsgruppen führten diese Praxis in ähnlicher Weise schon vorher durch, z. B. Lehrer. Insofern stellt meine Idee nichts Neues dar. Neu sind die Abfederung der finanziellen Verluste durch Einbeziehen des Arbeitslosengeldes und die detaillierte Ausarbeitung der Vorteile einer besseren Verteilung der Freizeit.

Ich hörte immer wieder, keiner, der einen vollwertigen Arbeitsplatz innehabe, würde auf Gehalt verzichten. Eigene Erkundigungen haben das bestätigt. Die Solidarität mit Menschen, die nach einer Entlassung auf viel Geld verzichten müssen, ist wenig ausgeprägt. Dabei dürfte derzeit kaum noch jemand sicher sein, nicht morgen selbst auf der Straße zu stehen.

In letzter Zeit häufen sich allerdings die Meldungen über die Bereitschaft, auf Teile des Lohnes zu verzichten, um nicht arbeitslos zu werden. Hierin sehe erfreuliche Anzeichen von Gemeinsinn.

Zu viel Aufwand? Ja, wenn alles per Hand geregelt werden müsste, träfe das zu. Aber es gibt die EDV, die die Verwaltungsarbeit mit einem entsprechenden Programm mühelos bewältigen kann. Weil ein zusätzlicher Urlaub erfolgt, dürfte das bei gutem Willen und Erkennen der Chancen akzeptabel sein.

Die Chancen – man könnte auch Vorteile sagen – sind groß. Für den Arbeitgeber kommt es zwar in der Anfangsphase zu organisatorischer Mehrarbeit, die aber bald zur Routine wird. Er bekommt ein Personal, das entspannter ist und dessen Anzahl „atmet", indem in Zeiten der Mehrbelastung alle Mitarbeiter zur Verfügung stehen, und zwar gut eingearbeitete. Ist weniger zu tun, greift das Modell.

Für den Arbeitnehmer gibt es zwar etwas weniger Geld, dafür aber etwa doppelt so viel Urlaub. Der Einkommensverlust liegt, wenn für einen arbeitsfreien Monat 60 % Arbeitslosengeld bezogen wird, aufs Jahr gerechnet bei 3,5 %. Dem steht, wie gesagt, ein Monat mehr an Freizeit gegenüber.

Ein häufig angebrachtes Gegenargument ist, dass die Sozialkassen kein Geld sparen würden. Das ist falsch. Durch Vermeidung somatischer und psychosomatischer Krankheiten als Folge der gesellschaftlichen Abwertung wird viel Geld eingespart und auch die Schwarzarbeit dürfte eingedämmt werden. Und die Menschen sind zufriedener.

Mein Vorschlag könnte die Kurzarbeit teilweise ersetzen.

Um Missbrauch zu vermeiden, lösen sich die Kreise auf, wenn mehr als eine Person eingegliedert wird.

Bei allen Diskussionen über angebliche Faulheit, Arbeitsverweigerung usw. darf nicht vergessen werden, dass Arbeit zum Sinn des Lebens gehört.

Dazu erzählt Ephraim Kishon die Geschichte von einem Verstorbenen. Er findet jeden Luxus und jeden Genuss. Eines Tages äußert er den Wunsch, wieder ein wenig zu arbeiten. „Das ist das Einzige, das du hier nicht bekommen kannst." – „Dann könnte ich genauso gut in der Hölle sein." – „Was meinst du, wo du hier bist?", sagte der Teufel.

So wäre vielleicht die Überzeugung der sogenannten Arbeitsunwilligen vom Wert der Arbeit besser als alles Geschimpfe.

Damit es genügend Arbeitsplätze gibt, sollten alle klugen Köpfe motiviert werden, diese zu schaffen oder mein Modell der Verteilung der Freizeit weiterzuentwickeln.

Bisher habe ich von der Vermeidung von Entlassungen gesprochen. Mein Vorschlag bietet eine weitere Möglichkeit. Soll ein Arbeitsloser wieder in den **Arbeitsprozess eingegliedert** werden, könnte ihm eine Gruppe von beispielsweise zehn Mitarbeitern vermittelt werden, die sich überfordert fühlt und gerne entlastet würde. Nach einer Einarbeitungszeit, die bei entsprechender Vorbildung kurz sein kann, wird jeder Mitarbeiter für einen bestimmten Zeitraum arbeitslos. Der „Neue" arbeitet zunächst in verschiedenen Positionen, bis durch eine natürliche Fluktuation Freiraum für eine feste Anstellung entsteht.

Im Übrigen empfinde ich es als Gedankenlosigkeit der Glücklichen, die Arbeit haben, dass die Unglücklichen, die keine Arbeit haben, finanziell auf jeden Fall schlechter dastehen müssen als sie. Wer einmal selbst oder in der nahen Umgebung erlebt hat, was eine schuldfreie Entlassung bedeutet, wird nachfühlen, wie viel Verlust an Selbstwertgefühl, Enttäuschung, wie viel Angst und Verzweiflung über den Entlassenen hereinbricht.

Die Einschränkungen dürften eigentlich nur für diejenigen gelten, die sich verweigern. Äußerst schwierig sind allerdings die Finanzierung und die Trennung von Arbeitsuchenden und Drückebergern, die ich freundlich „Freizeitliebende" nennen möchte. Missbrauch wäre leider zu erwarten.

Wie bei der Krankheit, wo die Kranken nicht nur krank sind, Übelkeit, Schmerzen und all die andere Pein erleiden und zusätzlich zur Kasse gebeten werden, leiden die anständigen Entlassenen doppelt.

Apropos Krankheit: Wer durch ein schweres Leiden nicht oder nicht mehr arbeiten kann, fällt durch fast jedes Raster und kann sich nicht einmal mehr wehren.

4. Überschaubare Wirtschaft

Die riesigen Geld- und Warenströme eines Wirtschaftsraumes lassen sich gedanklich nicht mehr erfassen. EDV muss helfen, denn nur sie allein vermag alle Daten zu erfassen und auszuwerten. Dazu sind Programme unverzichtbar. Aber was passiert, wenn der Programmierer sich geirrt hat? Wenn beim Input Fehler vorkommen oder die Auswertenden falsch interpretieren? Die Prognosen der Spezialisten sind dann oft genug falsch. Kaum einer hat die Weltwirtschaftskrise vorausgesagt; und diejenigen, die es zwar wussten, aber verschwiegen, haben vermutlich ihren Reichtum vervielfältigen können.

Ich erhielt im Abitur eine Eins in Mathematik und beherrschte alle Formeln ziemlich gut. Trotzdem habe ich stets im Kopf zumindest grob nachgerechnet. Ich möchte wieder nachrechnen können. Darum habe ich mir überlegt, das Volk virtuell auf Tausend zu reduzieren und auf einer Insel anzusiedeln. Die Zusammensetzung der Bevölkerung soll repräsentativ sein. Sie kann es sein, denn auch Meinungsumfragen so um die tausend Personen gelten als repräsentativ.

Ich fange ohne festen Zeitpunkt an. Es herrscht Frieden, alle haben Arbeit und ihr Auskommen. Die Nahrung wird von den Bauern erstellt, ohne große maschinelle Hilfe. Jeder Bauer ernährt zehn Menschen. Autos gibt es, wobei für den Bau eines Fahrzeugs 20 Arbeiter mit jeweils 100 Stunden nötig sind. Die Verwaltung muss ohne EDV mit Stift und Papier die nötigen Aufgaben erfüllen, z. B. die Organisation der Wasserversorgung, des Straßenbaus, der Gesundheitsversorgung, der Sicherheit. Es gibt die gleiche Anzahl junger Menschen, die in das Arbeitsleben eintreten, wie Neurentner. Die Zahl der Erwerbstätigen hält sich konstant. Die Menschen sind glücklich, auf jeden Fall zufrieden. Der Verdienst richtet sich nach der Leistung.

Dieser Idealzustand kommt in der Realität natürlich nicht vor, sollte aber unser Ziel sein.

Viele Probleme, die sich im Laufe der Zeit bei uns und ebenso auf der Insel entwickelten, sind zurückzuführen auf eine mangelnde Anpassung an die Technisierung.

Betrachten wir einige Details. Wenn in unserer Welt Maschinen einen Teil der Arbeit übernehmen, ernährt ein Bauer nun nicht mehr zehn, sondern 100 Personen. Für den Bau eines Autos reichen jetzt zwei Mitarbeiter und nicht 20. Die Verwaltung überlässt das Rechnen und die Planung weitgehend dem PC. Menschliche Arbeit wird teilweise überflüssig.

Solche Veränderungen gehen schleichend vonstatten und bei uns leicht in der Masse unter. Auf der Insel jedoch nicht. Wenn dort Arbeitsplätze zugunsten von Maschinen gestrichen werden, entsteht, wie auch bei uns, Arbeitslosigkeit. Zur Finanzierung werden im ersten Anlauf Sozialbeiträge von denjenigen erhoben, die Arbeit haben. Dagegen haben die Insulaner aber etwas einzuwenden. Sie denken nach und erkennen, dass die Maschinen einen Teil der Arbeit tun und auch Lohn erhalten müssten. Folgerichtig beschließen sie nun, dass diese ihren Anteil am Lohn erhalten sollen, und nennen das Maschinensteuer.

Dieses Geld könnte in Form von Arbeitslosengeld für die Entlassenen ausgegeben werden. Dann würden die einen schuften, während die anderen mehr Freizeit genießen könnten. Weil jeder jeden kennt, fällt das unangenehm auf. Aus dem Grund beschließt man, das Arbeitslosengeld nicht fürs Nichtstun, sondern für neue und innovative Arbeitsplätze auszugeben. So bekommt der Arbeitslose seinen angemessenen Platz in der Gesellschaft zurück. Die Würde der Menschen bleibt erhalten, jeder nimmt auf seinem Platz eine wichtige Stellung ein.

Und wie sieht es bei uns aus? Nun, hier fordern die Erwerbstätigen den Vorteil einer durch Maschinen verbesserten Produktivität für sich und wollen mehr Geld. Das ist die Realität. Nicht so auf der Insel. Dort verfügen sie jetzt durch die Arbeit der „eigentlich" Arbeitslosen über eine verbesserte Kinderfürsorge, bessere Schulen und kulturelle Einrichtungen, eine optimale Versorgung im Alter und bei Krankheit. Die Liste erfordert Fantasie und Kreativität und kann für jeden etwas Passendes bereithalten. Es gibt viele weitere Möglichkeiten. Das wird verinnerlicht und akzeptiert. Man ist zufrieden.

Im Millionenheer unseres Staates gehen diese Chancen unter, auf unserer Insel sieht das anders aus. Wenn doch, müsste das Staatsoberhaupt der Insel – dort ginge das! – nur für eine Woche die Technisierung rückgängig machen. Die regulär Erwerbstätigen würden ganz überrascht sein, denn sie hätten plötzlich wieder mehr Geld, aber mehr zu tun und viel weniger Möglichkeiten, ihr Leben zu leben. Auf der Insel erkennt man sehr schnell, dass Gemeinsinn keine nette Geste darstellt, sondern eine Notwendigkeit. Reduzieren wir die Zahl der Menschen auf der Insel auf zehn, ist die Notwendigkeit, füreinander da zu sein, noch offenkundiger.

Menschen scheinen bei uns immer überflüssiger zu werden. Der Wohlstand wird nicht mehr in der Nachkommenschaft zur Sicherung der Zukunft gesehen, sondern er ist eben einfach da – und Kinder scheinen dafür nicht nötig zu sein. Das wird schon irgendwie gehen ! Eigenverantwortung gilt für die Gegenwart, weniger für die Zukunft. Ich und noch mal ich. „An wen soll ich denn sonst denken ?", sagte einmal ein Befragter. Und kann man es ihm übel nehmen ? Wo doch die Vorbilder viel zu oft nur ihren eigenen Vorteil im Auge zu haben scheinen. Dabei existieren Vorbilder in großer Zahl. Sie müssen jedoch mit der Lupe gesucht werden. Nicht weil es sie nicht gibt, sondern weil sie zu bescheiden sind, sich ins rechte Licht zu rücken.

Wie gesagt, wenn die Produktivität durch den Einsatz von Maschinen steigt, geraten Arbeitsplätze in Gefahr. Doch sofort werden in einem großen Staat Lohnerhöhungen gefordert und gewährt.

In dem überschaubaren Bereich unserer Insel wird dagegen unmittelbar klar, dass gleichzeitig viele Mitbürger – das Präfix „Mit" besitzt noch einen Wert – ihren Job verlieren und nichts mehr zum Gemeinwohl beitragen können. Ich habe bereits die Möglichkeiten neuer Beschäftigungen angesprochen. Man wird noch weitere Anstrengungen unternehmen, den Nutzen der besseren Produktivität allen zugutekommen zu lassen. Um die Bauern als Beispiel zu nehmen, wäre es sinnvoll, wenn sie sich die Arbeit teilen würden, anstatt teilweise arbeitslos zu werden. Soweit Maschinen ihre Arbeit übernehmen und dafür bezahlt würden, nähme ihr Verdienst ab bei gleichzeitig steigender Freizeit. Im Kapitel „Arbeit und Verteilung der Freizeit" habe ich dazu Näheres ausgeführt.

Bei allgemein sinkenden Entgelten, denn das Beispiel der Bauern kann auf fast alles übertragen werden, verringern sich die Warenpreise. Der Verdienstausfall täte nicht wirklich weh. Jeder hätte mehr Zeit für seine Kinder, die im Zuge dessen wieder zahlreicher geboren würden, oder für andere Dinge.

Das Gespenst der Deflation würde an die Wand gemalt werden.
Ob sie wirklich Nachteile bringt, wie immer behauptet wird,
scheint keineswegs sicher zu sein. Ich sehe in ihr eine Menge
Vorteile, besonders für Sparer und Rentner, deren erworbenes
Vermögen bestehen bliebe. Mit dieser Behauptung bleibe ich
wohl der einsame Rufer im Wald, bis die Zeit sich wandelt.

Bereichert sich jemand auf der Insel in schamloser Weise, fällt
dies sofort auf. Das, was er an Besitz nun mehr hat, haben
andere demzufolge weniger, was diese sich natürlich nicht
gefallen lassen. Die Gesetze, die diese Schamlosigkeit er-
möglichten, werden geändert, und zwar auch nachträglich.
Eine Rückführung unrechten Vermögens liegt im Bereich des
Möglichen. Auf der Insel wird nicht akzeptiert, dass jemand,
der nachweislich Mist gebaut hat, mit einer unverschämten
Abfindungs- oder Bonusregelung ungeschoren (und reich) da-
vonkommt. Das Inselvolk, der Souverän, will es anders – und
es hat recht.

5. **Renten**

Immer wieder hört man das Zitat von Norbert Blüm, der einmal sagte: „Die Renten sind sicher." Das wird als Paradebeispiel angesehen für eine irreführende Behauptung, für eine Verdummung des Volkes. Denn die weitere Entwicklung scheint diese Behauptung zu widerlegen. Tatsächlich ist das nicht der Fall. Die auf dem Generationenvertrag beruhende Rente ist das Sicherste, was man sich vorstellen kann. Nur die Höhe der Rente ist nicht sicher.

Ich möchte hier allzu Bekanntes nicht ständig wiederholen, das sich aus der Umkehrung der Alterspyramide ergibt. Eines steht fest: Auf immer weniger Erwerbstätige kommen immer mehr Rentner. Etwas anderes kommt hinzu: Arbeitsplätze werden durch Maschinen ersetzt. Wo früher ein Mensch gearbeitet und Sozialabgaben gezahlt hat, steht eine Maschine (im weitesten Sinne). Sie kostet zwar bei der Anschaffung und der Wartung Geld, vergleichweise jedoch wenig gegenüber den weggefallenen Gehältern. Und sie zahlt keine Sozialabgaben und keine Steuern. Dadurch kann preiswerter produziert werden. Die Milchmädchenrechnung besteht nun aber darin, dass das Produkt zwar preiswerter ist, die Summe des gesparten Geldes aber an anderer Stelle in Form von Unterstützung Arbeitsloser, Frührentner oder Umschüler etc. gezahlt werden muss.

Ich habe in diesem Zusammenhang einige alternative Vorschläge entwickelt.

Helmut Rhode, SPD, machte 1978 den Vorschlag einer Maschinensteuer. Er wollte damit die Sozialversicherung stärken.

Helmut Schmidt sagte dazu: „Lasst doch den Quatsch." Er hatte damals recht. Heute steht die soziale Fürsorge mit dem Rücken zur Wand. Deswegen sollte die Idee von Helmut Rhode wieder aufgegriffen werden. Die Gewinne der Rationalisierung, soweit sie durch Maschinen erfolgt, fielen zwar geringer aus, was jedoch durch den großen Nutzen nicht mehr defizitärer Sozialkassen bei Weitem aufgefangen würde. Nur der Export darf dadurch nicht geschwächt werden. Dies kann aber heute im Zeitalter der EDV durch entsprechende Maßnahmen erreicht werden.

In einer großen Sonntagszeitung vom 19.07.2009 steht in einem Leserbrief (von S. B., Lehrte): „Ich würde mich freuen, wenn die Politik endlich ein nachvollziehbares Konzept vorlegt – eins, das gerecht ist, bei dem alle gleich behandelt werden und das mindestens ein Jahrzehnt Bestand hat." Ein anderer Leserbrief spricht von Konzeptionslosigkeit der Regierenden.

Konzepte der Regierungen gibt es schon. Nur basieren sie fast ausnahmslos auf gewohnten Vorstellungen, nämlich Kürzung von Leistungen und Erhöhung von Beiträgen. Über alles ausgebreitet das Versprechen, Renten in Zukunft nicht zu kürzen (Rentengarantie). Das klingt wieder so wie: „Die Renten sind sicher." Stimmt und stimmt nicht, denn durch die Inflation werden gleichbleibende Rentenzahlungen automatisch weniger wert. Mal ganz abgesehen davon, dass diese Aussage mit dem derzeitigen System überhaupt nicht einzuhalten ist, wenn die „Jungen" nicht zusätzlich belastet und keine neuen Ideen eingebracht werden. Eine neue Idee zur Finanzierung der Renten über die bisherigen hinaus könnte die Nutzung der erwähnten Maschinensteuer sein, alternativ eine Sonderbesteuerung der maschinell hergestellten Waren. Oder die Nutzung der Einnahmen aus dem Volksvermögen, etwa die Autobahnmaut für

PKW, deren Einführung sich immer mehr andeutet. Der jetzt schon sehr hohe Zuschuss zu den Renten aus den Steuereinnahmen sollte nicht ausgeweitet werden. Leider werden keine großen Bodenschätze gefunden werden. Wunder sind selten. Damit bleibt die Belastung der Bevölkerung gleich, nur besser verteilt.

Ich möchte aus dem Leserbrief von S. B. das Wort „gerecht" aufgreifen. Gerechtigkeit hat es noch nie gegeben, aber ein Zustand von „gerechter" dürfte möglich sein. Immer wenn einer besser dasteht, geht es einem anderen schlechter, da die materiellen Werte, also das Volksvermögen und das Erwirtschaftete, weitgehend konstant bleiben. Wenn beispielsweise eine Gruppierung mit sicheren Arbeitsplätzen für mehr Geld streikt und ihre Forderung duchsetzt, bezahlen das die Verkäuferin im Supermarkt und all die anderen, die nicht streiken können. Erhalten allein die Rentner mehr als die anderen, geht das auf Kosten der Anderen. Weil nun jeder einmal Rentner werden wird, falls er nicht vorher auswandert oder gar stirbt, ist es im Sinne des Gemeinsinns, dass es den Rentnern gut geht, ohne dass andere unangemessen schlechter dastehen.

„Gerechteres" kann nur erreicht werden, wenn die Belastungen in Zukunft gleichmäßiger gestaltet werden.

Grundsätzlich hat derjenige Vorteile, der finanziell besser gestellt ist. Jemand mit hohem Einkommen zahlt mehr in die Rentenkasse ein, kann es auch. Folglich hat er auch eine gute Rente zu erwarten. Das ist nicht zu beanstanden. Ungerecht wird es, wenn Ehepaare ohne Kinder, die beide verdienten, zwei Renten beziehen mit der Aussicht gegenseitigen Anspruchs beim Verlust des Partners. Im Gegensatz dazu hat ein Rentnerehepaar mit mehreren Kindern, in der ein Partner nicht oder wenig verdiente, kaum mehr als die Hälfte des anderen Paares. Denn die Kindererziehung wird nicht als Vollzeitaufgabe anerkannt. Geradezu mies werden alleinerziehende Mütter und Väter behandelt.

Ein besserer Verdienst und damit bessere Renten hängen nicht nur von Fleiß, Können und Einsatz ab, sondern auch von der Herkunft und Unterstützung durch die Allgemeinheit. Zum Beispiel können Studiengebühren allein niemals eine Universität erhalten. Die Kosten des Studiums trägt die Allgemeinheit selbst dann noch überwiegend, wenn Studiengebühren erhoben werden. Die Beträge werden also zum Teil von Nichtakademikern aufgebracht. Der bessere Verdienst der Studenten im späteren Leben ist gerechtfertigt, wenn sie später auch mehr für die Allgemeinheit leisten als andere und wenn sie ihre Darlehen zurückzahlen.

In den vielfach als „sozial kalt" geschmähten USA spielen Spenden eine große ausgleichende Rolle, indem sie Härten abfedern. Dadurch leisten die „Reichen" einen Sonderbeitrag.

Die unterschiedliche Verdienstmöglichkeit im Arbeitsleben ist nicht zu beanstanden, darf auch nicht durch Hirngespinste geändert werden. Wohl aber kritisiere ich die Verteilung von Rentenerhöhungen. Schließlich bekommt ein Rentner mit 3.000 Euro bei einer 3-prozentigen Erhöhung 90 Euro mehr, der mit 1.000 Euro nur 30 Euro. Beide leisten das Gleiche im Alter. Und wenn sie mehr leisten, wird es bezahlt – oder, bei ehrenamtlicher Tätigkeit, hoffentlich anerkannt. Somit gibt es keinen Grund – außer dem Privileg „der oberen Zehntausend" –, Rentenerhöhungen nicht linear zu gewähren. Wie gesagt, die Leistung der Rentner unterscheidet sich nicht mehr voneinander. Es ist nicht mehr so wie im Arbeitsleben.

Wie <u>Rentenerhöhungen</u> bezahlt werden können, wird im Folgenden dargelegt (die Zahlen beruhen auf Recherchen im Internet und in den Medien und können von der Realität geringfügig abweichen):

- 20 Millionen Rentner sollen 2 % mehr Rente erhalten, wenn die Löhne um 2 % steigen.
- 20 Millionen Rentner bekommen aus der Rentenversicherung, unterstellt die Durchschnittsrente beträgt 1.100 Euro pro Monat, 264 Mrd. Euro pro Jahr.
- 2 % davon sind 5,28 Mrd. Euro.

Dieser Betrag muss zur Verfügung stehen. Unterstellt man eine durchschnittlich 2-prozentige Erhöhung der sozialversicherungspflichtigen Arbeitsentgelte, die ca. 1 Billion betragen, so würden die Einkünfte der Erwerbstätigen um ca. 20 Mrd. Euro steigen. 20 % davon (gerundet, derzeit liegen die Abgaben für die Rente bei 19 %) ergeben etwa 4 Mrd. Euro, die für die 2-prozentige Rentenerhöhung zur Verfügung stehen. 1,28 Mrd. fehlen an 5,28 Mrd. Euro.

20 Mrd. Euro Mehreinnahmen aus Löhnen und Gehältern unterliegen auch, mindestens teilweise, der Steuer. Ich schätze zur Hälfte. Dann summieren sich die zusätzlichen Steuern bei einem unterstellten Steuersatz von 20 % auf 2 Mrd. Euro. Hinzu kommen zusätzliche Einnahmen aus der Mehrwertsteuer. Die fehlenden 1,28 Mrd. Euro wären also mühelos aufzubringen.

Nun wird der Staat die Mehreinnahmen möglicherweise anders verwenden. Das wäre zwar nicht sehr fair, aber es kann nicht ausgeschlossen werden. In dem Fall könnte alternativ die Mehrwertsteuer um 0,128 % erhöht werden, um die fehlenden 1,28 Mrd. abzudecken. Das berechne ich so: Unterstellt, eine

Billion Euro unterliegt der Mehrwertsteuer, dann würde eine Erhöhung um 0,1287 % die fehlenden 1,287 Mrd. Euro abdecken. Das wäre dann die Sonderabgabe Rentner (SAR), die ich in meinen Büchern der Öffentlichkeit vorgestellt habe. Aber, wie erläutert, es wäre nur die Alternative.

Für genauere Zahlen, die allerdings nur wenig von den hier angeführten abweichen dürften, müsste man eine Differenzierung vornehmen, denn die Löhne sind unterschiedlich hoch und z. B. Lohnerhöhungen einzelner privilegierter Gruppen, die ihre Ansprüche per Streik durchsetzen können, bewirken starke Unterschiede beim Lohnniveauanstieg.

Es heißt immer, andere Länder hätten höhere Mehrwertsteuersätze als die Deutschen. Das stimmt, dafür zahlen andere Länder auch Krankheitskosten oder Renten aus der Mehrwertsteuer. Weil auch etwa ein Viertel unserer Renten von der Allgemeinheit über Steuern bezahlt wird, ist es eine Überlegung wert, auch bei uns die Mehrwertsteuer einzubeziehen. Der Einkommensteuerzahler würde entlastet, alle, auch diejenigen, die keine Steuern zahlen, beteiligen sich an dem Sozialsystem. Auch die Rentner. Soll das besser sein ?

Das gäbe einen Aufschrei. Es müsste ein Ausgleich geschaffen werden, etwa durch Befreiung der Grundbedürfnisse von der Steuerumstellung.

6. Staatsschulden

Wer kann eigentlich dem Staat Geld leihen? Die Staatsverschuldung steigt laut Steuerzahlerbund vom Januar 2010 pro Sekunde (!!!) um 4.400 Euro. Pro Jahr errechne ich ca. 139 Mrd. Euro. Auf Nachfrage bei Bankern und Politikern erhielt ich die Antwort, diese Summe würde über Staatsanleihen, z. B. Bundesschatzbriefe, aufgebracht. Durchschnittlich würde demnach jeder einzelne Bundesbürger etwa 1.750 Euro pro Jahr zur Deckung der Neuverschuldung einbringen müssen (80 Millionen multipliziert mit 1.750 ergibt 140 Milliarden).

Rentner, Hartz-IV- und Sozialhilfeempfänger können solche Summen nicht aufbringen. Nicht zu vergessen die Kinder. Deswegen muss die verdienende Bevölkerung, die die Hälfte aller Bürger ausmacht, nicht 1.700, sondern 3.400 Euro pro Kopf und Jahr zahlen.

Ich vermute, dass die hohe Politik es anders löst. Denn diese reelle Abrechnung lässt sich nicht verkaufen. Ich vermute, sie druckt Geld wie gehabt und baut auf eine Inflation.

Angenommen, wir hätten z. B. 6 % Inflation pro Jahr. Dann hätten die Einkommen der Bürger (2 Billionen) einen Wertverlust von 120 Mrd. Euro, die geldwerten Vermögen (4 Billionen) von 240 Mrd. Euro Zinsen. Die Staatsschulden (1,7 Billionen) würden auch um 6 % weniger wert sein, das entspricht 102 Mrd. Euro pro Jahr. Auf diese Weise verlieren die Bürger, die Staatsschulden verringern sich. Ganz abgesehen davon steigen die Steuern durch die zahlenmäßig höheren Preise.

Würden die 1,7 Billionen Staatsschulden nicht mehr verzinst,

fiele die Inflation weit milder aus. Die Gläubiger würden durch
den Werterhalt ihres Kapitals besser entschädigt als durch Zinsen.

Nun haben wir wie durch ein Wunder bisher eine deutlich geringere Inflation, und die staatliche Neuverschuldung soll zu-
rückgefahren werden, nach dem Motto: Die Hoffnung stirbt zuletzt. Ein schlüssiger Beweis für die guten Absichten ist nicht
in Sicht. Worte und Versprechungen hören wir dagegen oft.

Ich weiß, der Staat sind wir. Diese Rechnung ist unsere Rechnung. Ich habe noch nie die hier vorgestellte ehrliche Analyse
gehört. Offenheit wäre spätestens jetzt fällig.

Warum verhallt eine Stimme wie die von Hans-Ulrich Jörges?
Ich möchte hier einen seiner Artikel aus dem „Stern" zitieren
(46/2009), den ich einfach treffend finde:

„Die Stunde der Starken

*Müssen die Opfer für die Krise zahlen? Gibt es Steuersenkungen
nur auf Pump? Wenn die schwarz-gelbe Koalition Banken und
Reiche zur Solidarität verpflichten würde, könnte sie Ansehen und
Spielraum gewinnen. Die Linke wäre sprachlos.*

Der Zwischenruf aus Berlin von Hans-Ulrich Jörges

*Das Thema ist streng tabuisiert. Dabei hätte es von Anfang an
auf die Tagesordnung gehört. Ganz oben, als Ausgangspunkt aller Politik. Doch es gilt als links – undenkbar für „Bürgerliche".*

Fatalerweise. Fälschlicherweise.

Wer zahlt die Krise? Unter diesem übermächtigen Fragezeichen wird die neue Koalition regieren, da mag sie sich als Motto zurechtschneidern, was sie will. Mutig gegen die Krise, müsste das Motto lauten, denn die Regierung Merkel-Westerwelle ringt um ihre Gestaltungsfähigkeit – angesichts dramatischer Staatsschulden und gewaltiger Löcher in den Sozialkassen. Besser noch: gerecht aus der Krise.

Gerecht? Politisch handlungsfähig? Das fügt sich zusammen, das verlangt eine Antwort auf die Frage, wer die Krise bezahlt. Und das erfordert Mut zu Entscheidungen, die Schwarz-Gelb dauerhaft Legitimation und Ansehen verschaffen könnten. Zahlen jedenfalls dürfen nicht nur jene, die Opfer dieser Krise sind, die kleinen Leute, die „Bevölkerung", wie die Politik zu sagen pflegt. Zahlen sollten, zuallererst, die Verursacher der Krise. Und dann, an zweiter Stelle, jene, die sie am leichtesten überstehen, ja schon fast überstanden haben, durch boomende Börsen und blutende Steuerbürger.

Das sind, an erster Stelle, die Banken. Und, an zweiter, die Vermögenden. Bevor alle anderen zur Kasse gebeten werden, durch rigide Sparmanöver, durch üppigere Steuern auf den Konsum – Benzin, Tabak und Alkohol etwa –, durch höhere Beiträge für die Kranken-, Arbeitslosen- und Pflegeversicherung. Oder gar eine Pkw-Maut auf den Autobahnen. All das, was Schwarz-Gelb abwägen wird, wenn die Landtagswahl in Nordrhein-Westfalen, im Mai 2010, erst einmal bestanden ist und die Staatsfinanzen saniert werden müssen.

Beginnen wir mit den Verursachern. Die Banken, die privaten jedenfalls, haben sich schon wieder berappelt aus der Finanzkrise, ihre Gewinne steigen rasant. Die Politik erlaubt ihnen, mit den alten, den draufgängerischen Methoden des Investmentbanking

jene Löcher zu stopfen, die eben jenes Investmentbanking geris-
sen hatte. Gier ist wieder – oder: immer noch – die Triebfeder der
Unersättlichen. „Boni sind notwendig, um die besten Talente zu
gewinnen und zu behalten", proklamiert Josef Ackermann, Chef
der Deutschen Bank. Dafür werden horrende Rückstellungen auf-
gehäuft, bedenkenlos, schamlos.

Und die Bankkunden werden mit enormen Zinsspannen ge-
schröpft. Sie zahlen gleich zweifach: durch Zinsen und jene Steu-
ergelder, die der Staat zur Rettung des Finanzsystems mobilisiert
hat.

Eine Sonderabgabe der Banken wäre nun die angemessene Gegenleistung, auf fünf Jahre befristet. Allein bei den 20 größten
Banken ließen sich dadurch zehn Milliarden Euro pro Jahr mobili-
sieren, meint Ulrich Blum, Präsident des Instituts für Wirtschaftsforschung Halle. Denn: „Ein Großteil der Banken wäre heute ohne
den staatlichen Schutzschirm insolvent." Die Schulden der Allgemeinheit aufzubürden aber sei „mehr als aberwitzig". Blum ist
damit nicht allein, auch die führenden deutschen Wirtschafts-
forscher raten dazu, die Banken zur Kasse zu bitten. Daneben
könnten bis zu 25 Milliarden Euro pro Jahr gewonnen werden,
wenn die Vermögen in Deutschland so besteuert würden wie in
den wichtigsten Industrieländern.

Allein die Wiedereinführung der zum Jahr 1997 abgeschafften
Vermögensteuer – bei einem Freibetrag von 500.000 Euro und
einem Steuersatz von einem Prozent – würde bis zu 21 Milliarden
bringen, hat das deutsche Institut für Wirtschaftsforschung (DIW)
errechnet. Setzte man den Freibetrag höher an, bei einer Million
etwa, und kassierte nur bei Privat-, nicht bei Betriebsvermögen,
wäre der Ertrag zwar geringer, aber immer noch bemerkenswert.
Und eine Reform der Grundsteuer, die nicht mehr die überholten

*Immobilienwerte von 1964 (West) und 1935 (Ost) zugrunde legt,
brächte die ausblutenden Gemeinden wieder auf die Beine.*

*Das geht nicht? Das passt nicht zu Schwarz-Gelb? Ach, woher!
Nichts würde der erklärten Absicht der „Bürgerlichen", die Leis-
tungsträger zu entlasten, besser entsprechen, als die Steuern auf
Einkommen, auf Arbeit im weitesten Sinne, zu senken und dafür
leistungslosen Ertrag aus Vermögen zu belasten. Ein niedrigeres,
einfacheres, gerechteres Steuersystem würde dadurch erst möglich. Nur zehn Prozent der Steuerbürger zahlen heute die Hälfte
der Lohn- und Einkommensteuern!*

*Die Vermögensteuer übrigens wurde vor 90 Jahren durch Matthias
Erzberger eingeführt, als Antwort auf die katastrophale Staats-
verschuldung nach dem Ersten Weltkrieg. Erzberger gehörte der
Zentrumspartei an, historisch Vorläuferin der CDU/CSU. Warum
sollte der Fürstin Gloria von Thurn und Taxis nicht jedes Jahr ein
Wäldchen aus ihrem riesigen Grundbesitz weggesteuert werden?
Vermögen sind doch nachwachsende Rohstoffe."*

Herr Jörges spricht mir aus dem Herzen. Aber beim Beispiel
Thurn und Taxis ist zu bedenken, dass die so reiche Familie hart
für den Erhalt ihrer Güter arbeiten muss, um nicht defizitär zu
werden. Man hatte schon einmal große finanzielle Probleme.
Große Vermögen, die selten Barvermögen sind, können manchmal sehr teuer sein.

7. Länder im Defizit

Als Student war ich 1952 mit einigen Freunden nach Italien, nach Rom, eingeladen. Schon damals hieß es, Italien beklage ständig Defizite in der Zahlungsbilanz. Wir hatten die Gelegenheit, mit einigen Wirtschaftlern zu diskutieren. Sie erklärten lächelnd: „Ja, wir sind eben Kaufleute. Es gleicht sich wieder aus." Gescheite Leute werden wissen, wie man es geschafft hat, und könnten vielleicht die eine oder andere Lehre für die heutige Krisenbewältigung ziehen. Ich vermute, dass dieses liebenswerte Land durch den Tourismus einen Ausgleich fand. Andere Möglichkeiten waren Abwertungen. Die Lira hatte damals gegenüber der D-Mark jedes Jahr massiv an Wert verloren, übrigens auch die griechische Drachme. Die tat es noch, als Italien längst stabiler war. Die jetzige Katastrophe in Griechenland, das ich oft besucht und in dem ich viele Freunde habe, wurde von der mir zugänglichen Bevölkerung lange vorausgesehen. Warum diese Einsichtigen nichts ändern konnten, bleibt für mich ein Rätsel. Aber es veranlasst mich als Einzelner, mich immer wieder in Wort und Schrift zu melden und möglichst viele mitzureißen, wobei mich erstaunt, wie wenig originell ich wirklich bin. Die meisten Leute denken wie ich, sprechen und diskutieren wie ich, und trotzdem meinen sie, nichts bewegen zu können. Kaum einer versucht es. Wo doch die Situation in Deutschland gar nicht so weit von Griechenland entfernt ist.

Würde man zeitweise die Verzinsung der griechischen Schulden aussetzen, den Zinsbetrag als Tilgung auszahlen, blieben die Schuldtitel erhalten. Kein Gläubiger verlöre sein Geld. Kein anderes Land würde belastet. Die Sparmaßnahmen bekämen einen Sinn.

8. Red Toryism von Phillip Blond

Manches ist für die einen ein Evangelium, für die anderen ein Tabu. Im Folgenden beschäftige ich mich mit Phillip Blond, Professor für Theologie und Philosophie an einer englischen Universität. Er stellte die Frage, was man an den hergebrachten Vorstellungen ändern muss. Was vor 20 Jahren richtig war, muss heute nicht mehr richtig sein. Das ist überall so. Die Welt ändert sich. Blond hat die Situation in England so eingeschätzt, dass sie mit den herkömmlichen Methoden nicht mehr zu sanieren ist. Er stellte das Konzept „Red Toryism" auf. Es bedeutet so viel wie „Rot und Schwarz". Das ist teilweise auch schon die Idee von Gerhard Schröder gewesen, der als Sozialdemokrat ausgesprochen rechte Ideen durchsetzte. Blond sagt richtig, nach M. Thatcher sei der durchschnittliche Wohlstand erheblich gestiegen. Profitieren jedoch tue nur ein kleiner Teil der Bevölkerung. (Ich zitiere übrigens in freier Form aus der WELT am SONNTAG vom 17.01.2010.) Das stellt sich in Deutschland nicht anders dar. Die meisten Maßnahmen bringen dem Bessergestellten Vorteile. Beispiel Lohnerhöhung: 3 % Lohnerhöhung bedeutet für einen 3.000-Euro-Verdiener 90 Euro mehr, für denjenigen, der nur 1.500 Euro verdient, bleiben nur 45 Euro. Die traditionelle Forderung von Gewerkschaften nach gleichen Summen, nicht Prozenten, für Lohnerhöhungen, findet selten Gehör. Auch eine Arbeitszeitverkürzung, vielfache Gewerkschaftsforderung, die automatisch mehr Arbeitsplätze schafft, wird verteufelt als Anreiz für mehr Rationalisierung. Das sind für mich typische Beispiele von vergebenen Chancen. Die Vorstellungen von Gewerkschaften sollten nicht immer gleich in Zweifel gezogen werden.

P. Blond meint, es sind im Wesentlichen zwei Dinge, die der Gesellschaft geschadet haben:

1. „Der ausufernde Wohlfahrtsstaat und die Förderung von Monopolen. (...) Die Ärmsten der Gesellschaft seien durch Sozialhilfe ausgeschaltet und hätten die Fähigkeit zu arbeiten verloren ...

2. „Die britische Wirtschaft wird durch Großkonzerne bestimmt, die kleine Firmen systematisch aus dem Markt drängen."

Das ist auch in unserem Land der Fall. Man muss aber hinzufügen, dass umgekehrt viel Vernünftiges in dieser Entwicklung steckt und eine Pauschalumkehr katastrophal wäre. Die Kosten würden steigen, im sozialen Bereich Unruhen entstehen. Aber Nachdenken lohnt sich. Beispiel: Großhandelskonzerne ermöglichen für den Verbraucher gute Preise. In Deutschland sind echte Monopolbildungen zwar kaum möglich. Aber durch die Zerschlagung des Kleinhandels werden Arbeitsplätze zerstört. Das führt zu höheren Sozialleistungen. Diese Mehrkosten tragen dann diejenigen, die bei den großen Ketten billiger einkaufen. Der Preisvorteil schmilzt dahin. Nicht zu vergessen die Mehrkosten durch längere Wege. Blond fordert deswegen einen gleichen Einkaufspreis für die Kleinen und die Großen.

Der Gedanke, unterschiedliche Auffassungen und das Sinnvolle aus rechts und links zu mischen, gefällt mir an Phillip Blond. Die Große Koalition hat es versucht. Ich finde, sie tat es gut.

9. Brasilianische Verhältnisse

Ein Gespräch mit einer Patientin. Bekannte waren vier Jahre in Brasilien. So schön das Land ist, leben wollen sie dort nicht mehr. Der krasse Gegensatz zwischen Arm und Reich hat zu einer tagtäglichen Bedrohung derer geführt, die einigermaßen wohlhabend sind, sodass von Freiheit nicht mehr die Rede sein kann. Man lebt quasi in einem Getto, bewacht und immer in Angst.

Bei uns geht Gewalt nicht von den Armen aus – noch nicht –, sondern in der Regel von Kriminellen. Aber die Bereitschaft keimt langsam. Die soziale Sicherheit bröckelt, die Zukunft sieht düster aus. Angst vor dem Alter, Sorge um die Zukunft der Kinder, dies alles steht einer Zufriedenheit im Wege. Der selbstverständlichen ständigen Bereicherung einiger weniger steht die Hoffnungslosigkeit vieler entgegen. Jede Gehaltserhöhung bringt dem Bessergestellten mehr Bares als den unteren Gehaltsempfängern. Gruppen mit (scheinbar?) sicheren Arbeitsplätzen, erstreiken mehr Gehalt. „Weil man mehr braucht." Andere Lohnempfänger brauchen es genauso sehr. Aber sie sitzen auf unsicherem Grund, nehmen Lohnkürzungen in Kauf und werden dazu noch durch die Protestumzüge und Arbeitsniederlegungen in der Bewegungsfreiheit eingeschränkt. Und zahlen die Lohnerhöhung der anderen mit höheren Abgaben für Wasser, Müll und vielem mehr. Dass durch überhöhte Lohnerhöhungen in Zeiten der Krise auch noch Arbeitsplätze verloren gehen, mit neuem Leid und neuer Verzweiflung, interessiert wenig. Der Gedanke der Gewerkschaften, alle am Wachstum teilhaben zu lassen, war in Zeiten des Wachstums korrekt. Jetzt aber ist jedes „Mehr" des einen ein „Weniger" des anderen, weil der „Kuchen" nicht größer wird.

Umso mehr keimt Hoffnung, dass über eine Regulierung der hemmungslosen Bereicherung mancher Leute dem Neid und dem Zorn der Boden entzogen wird. Das gilt für die Bereiche, in denen Profiteure keine persönliche Verantwortung tragen und ihre Gewinne versenken.

Der Ausbau der Eisenbahnstrecke Karlsruhe–Basel kostet 1,5 Mrd. Euro mehr als geplant (Meldung der Hannoverschen Allgemeinen Zeitung vom 01.02.2010). So etwas scheint schöner Brauch zu sein. Der neue Überseecontainerhafen in Bremerhafen, der neue Operationstrakt der Medizinischen Hochschule Hannover, die Neubauten beim Regierungsumzug nach Berlin und vieles mehr, all dies ist immer sehr viel teurer geworden als geplant. Das wird auch bei dem neuen, von der Bevölkerung abgelehnten Neubau des Stuttgarter Bahnhofs nicht anders sein. Nicht etwa die Inflationsrate fließt hier ein, sondern es liegt an Fehlberechnungen der zuständigen Stellen.

In früheren Jahren wurden vielfach Beamtenstellen eingerichtet, weil infolgedessen Sozialbeiträge zum Teil wegfielen. Wer hat es schon für nötig gefunden, die späteren zusätzlichen Belastungen durch Beamtenpensionen zu berechnen, die in wenigen Jahren unbezahlbar werden. Kürzungen? Nein, Wahrung der Besitzstände ist angesagt und durch die Verfassung garantiert. Bitte nicht missverstehen: Recht muss Recht bleiben, aber für die Zukunft müssen solche Unachtsamkeiten vermieden werden.

Ein Studium wird von allen bezahlt, auch über die Steuern der Nichtakademiker. Deswegen sollten Studiengebühren erhoben werden. Um trotzdem allen den Zugang zur Universität zu ermöglichen, müssen zinsgünstige oder zinsfreie Darlehen gewährt werden, die später, wenn der Akademiker gut und besser als der Durchschnitt verdient, zurückgezahlt werden. Dass manch einer früher in das Erwerbsleben eintritt und deswegen über einen längeren Zeitraum Geld verdient als ein Akademiker, sollte dabei berücksichtigt werden.

Dass jährlich weit mehr als 100.000 qualifizierte Deutsche auswandern, und gleichzeitig eine große Zahl unqualifizierter Menschen einwandert, wird meiner Meinung nach viel zu wenig beachtet. Sind die Einwanderer qualifiziert, würden sie in diesem Falle ihrem Heimatland fehlen, was moralisch kaum zu vertreten ist. Viele sind es jedoch nicht. Versucht jemand ohne Bildung, mit der Absicht, am Sozialsystem zu profitieren, schwarz zu arbeiten oder vielleicht sogar zu dealen, in Länder wie Neuseeland, USA, Kanada oder die Schweiz auszuwandern, er würde sofort scheitern. Nur wir und einige andere europäische Länder sehen diesem Geschehen ratlos zu, und manche finden es sogar gut.

Alles sollte darauf abzielen, die qualifizierten Arbeitskräfte im eigenen Land zu halten. Parteiübergreifend werden in Deutschland entsprechende Bekenntnisse abgegeben. Tatsächlich werden die Schichten, aus denen sich die Auswanderer rekrutieren, nicht leistungsgerecht gefördert. Allerdings auch nicht gebeutelt. So klingt es paradox, dass sich diejenigen Ärzte, die sich im Jahr 2009 einem unerwarteten Geldsegen gegenübersahen, dennoch beklagen (Medical Tribune 4, 2010). Dass es aber über viele Jahre keine Verbesserungen der Einkommen gab, wird geflissentlich verschwiegen. Aber diejenigen Stände, von denen es viele gibt und denen es trotz „der Krise" besser geht, schweigen sich aus und jammern mit.

Wenn jetzt Steuersünder durch einen Diebstahl von Daten überführt werden können, so soll das im Rechtsstaat nicht erlaubt sein? Angesichts der Tatsache, dass ohne Steuerhinterziehung und ohne Schwarzarbeit weder Staatsschulden gemacht noch

wichtige Aufgaben der Bildung, der Beseitigung unverschul-
deter Armut, der Berentung und der Gesundheit sowie der
Infrastruktur und der Wissenschaftsförderung vernachlässigt
werden müssten, frage ich mich, ob die Millionen Ehrlichen
nicht mehr geschützt werden müssen als ein paar vermeintlich
besonders Schlaue.

11. Schule

Neulich führte ich ein Gespräch mit einer Mutter von zwei schulpflichtigen Kindern. Letztere (elf und 13 Jahre alt) hatten am Nachmittag Stimmen gesammelt für einen Volksentscheid gegen die Abschaffung des 13. Schuljahres. Natürlich wollten sie nicht das „Turboabitur". Zu viel Stress. Ich hatte schon bei der Unterschrift, die ich mehr aus einer Art Entgegenkommen gegeben hatte, gesagt, dass ich bei dem starken Rückgang der Geburten eher dafür plädiere, die Schulzeit zu verkürzen, um dem Arbeitsmarkt mehr Kräfte zur Verfügung zu stellen. Denn es wird nicht mehr lange dauern, bis die geburtenschwachen Jahrgänge die Arbeitsplätze nicht mehr besetzen können.

Die Mutter fand die richtigen Worte: Man müsse den Schulstoff „entrümpeln", sprich: nicht mehr alles lehren. Das finde ich richtig. Nicht allein das Wissen ist zu vermitteln, sondern noch viel mehr das Lernen, wie man lernt. Wie man Zusammenhänge findet und die richtigen Schlüsse zu ziehen sind.

Das Erste, das Wissen, hebt den Selbstwert und mag bei Raterunden wichtig sein. Ich kann es jedoch jederzeit durch Fragen, aus dem Lexikon oder dem Internet abrufen. Was brauche ich als Jurist Differenzial und Integral? Als Arzt die Größe Chinas, als Kaufmann die Krönung Karls des Großen? Das meiste hat man später ohnehin vergessen. Die wichtigen Kenntnisse aus der Schule sollten wenigstens folgende sein: Lesen, eine Sprache (Deutsch), das Einmaleins, der Dreisatz. Wenn ich eine berufliche Stelle ausfüllen will, muss ich die Zusammenhänge begreifen, die in mein Aufgabengebiet fallen, und ich sollte die Fähigkeit besitzen, mich weiterzuentwickeln. Dazu brauche ich das Zweite, das ich in der Schule lernen soll:

Kombinationsfähigkeit, selbstständiges Denken, Fleiß, Zuhören, Konzentration, schließlich „Lernen zu lernen".

Ein gutes, aber beileibe nicht das einzige Beispiel für „Lernen zu lernen" ist Latein. Vokabeln lernen, bis sie „sitzen", beim Übersetzen präzise vorgehen: Hauptwort (Subjekt), Verb (Prädikat) und Objekt. In Deutsch kann man brillieren, man muss nicht so sehr viel wissen, aber es ist gut, Formulieren zu lernen. Die meisten Fächer dienen der geistigen und körperlichen Schulung. Es ist schön, wenn man viel weiß. Es entlockt mir ein Lächeln, wenn jemand nicht weiß, wo Köln liegt oder wie viele Einwohner es hat oder wie weit der Mond entfernt ist. Aber für die Ausübung der meisten Berufe muss man das nicht wissen.

Etwas anderes ist die akademische Fortbildung. Sie zielt auf einen hoch qualifizierten Beruf, in dem die Gesamtzusammenhänge gewusst werden müssen, wodurch eine weitere Spezialisierung erst ermöglicht wird: Beispielsweise muss ein Facharzt sein Fach komplett beherrschen. Voraussetzung dafür ist eine Ausbildung in der gesamten Heilkunde.

12. **Umwelt und Klima**

Jeder hat seine Meinung: „Wir sind selber schuld, wenn wir die Umwelt zerstören", sagt der eine, während der andere behauptet: „Der Klimawandel war schon immer so." Wieder andere meinen, dass die Sonnenflecken schuld seien und so fort. Auch ich vertrete die Meinung, dass die Luftverpestung nicht allein oder überwiegend am Klimawandel schuld ist. Ich rechne die verschiedenen Faktoren zusammen. Eins und eins und eins sind drei, oder noch eins sind vier. Eine dieser Einsen bringt das Fass zum Überlaufen, und das ist unser Beitrag. Und darum dürfen wir auch nicht nachlassen – und zwar jeder Einzelne –, etwas für den Klimaschutz zu tun.

Es gibt so viele kleine und große Vorschläge wie die grüne Welle in der Stadt, nicht alle Zimmer zu heizen, ohne dabei die Leitungen einfrieren zu lassen (denn die Reparatur würde wiederum noch mehr Energie kosten), Energiesparbirnen, Nutzung alternativer Energien und vieles mehr.

Problematisch ist in meinen Augen die Propagierung des Wachstums, denn Wachstum heißt automatisch mehr CO_2. Warum fällt es so schwer, den heutigen Wohlstand auf dem gleichen Stand zu halten oder auf dem im Jahr 2000, als es uns auch nicht schlecht ging? Diese Aussage gilt natürlich nur für uns und nicht für die Entwicklungsländer.

Nach dem enttäuschenden „Klimagipfel" ist klar geworden, dass eine gemeinsame Linie aller Nationen unmöglich erscheint. Erklärungen konnte man in allen Medien finden. Eines wurde nur vereinzelt geäußert, ist aber richtig: Keiner kann von den Entwicklungsländern erwarten, dass sie mit ihrem geringen Pro-Kopf-Ausstoß von CO_2 den gleichen prozentualen Einschränkungen unterliegen sollen wie die reichen Länder. Die Forderung an alle kann nur lauten: Jeder Einzelne spart Energie ein. Am meisten die reichen Länder. Die aber reden von WACHSTUM, was automatisch unter den jetzigen Prämissen mehr Umweltverschmutzung bedeutet. Also WACHSTUM auf den Prüfstand!!

Als ich noch im Beruf stand, war ich einer von vielen. Ich stand um 6.30 Uhr auf und ging um 23.30 Uhr zu Bett. Vor der Zeitumstellung von Sommer- zu Winterzeit ist es eine Stunde länger hell. Nach der Umstellung brauchte ich abends eine Stunde länger Strom. Dagegen sparte die „frühere" Helligkeit bei mir kaum Strom, für die Spätaufsteher ist es morgens so oder so hell. Wie man hört, werden in Brüssel immer wieder Anträge gestellt, die Sommerzeit durchgehend zu belassen. Es geschieht nichts. Wer nur findet eine Zeitumstellung gut, deren Nutzen für den Stromverbrauch nicht nachweisbar ist, die aber viel Ärger verursacht?

Ich habe noch keinen getroffen, der das frühe Dunkelwerden nach der Umstellung auf die Winterzeit gut gefunden hätte. Für die große Mehrzahl der Bürger bedeutet die Umstellung eine Stunde mehr Stromverbrauch aufgrund des Lichteinschaltens am Abend, nur eine Minderzahl steht so früh auf, dass die „frühere" Helligkeit Einsparungen brächte.

13. **Gedankensplitter**

Kürzlich stürzte mir eine Dame vor einem Geschäft in die Arme. Glatteis! Ich trug Schuhe, bei denen wegklappbare Spikes eingebaut waren. Ich zeigte sie ihr. Sofort schlug sie vor, die Krankenkassen müssten solche Schuhe bezahlen. Warum eigentlich nicht? Wenigstens einen Teil. Andererseits bricht s i e sich die Knochen und gesunde Knochen sollten den Kauf von nützlichen Schuhen wert sein.

Wenn die öffentliche Hand 1,5 Billionen Euro Schulden hat und dafür im Schnitt 2 % Zinsen zahlt, sind das 30 Milliarden. Wer bekommt das? Jeder Bürger? Dann entfielen auf jeden Einzelnen rund 370 Euro. Oder jeder tausendste Bürger? Der erhielte dann 370.000 Euro. Ich mag gar nicht berechnen, was wäre, wenn es jeder 10.000 wäre. Da wird mir ganz schwindlig. Diese Personen könnten sich jeder über 3,7 Millionen pro Jahr freuen. Pro Jahr. Sind die Gläubiger womöglich ausländische Anleger? Dann gingen die Zinsen ins Ausland. Toll!

Schulden machen, über die Verhältnisse leben ist „in". Es scheint ja so einfach zu sein. Im Privaten gibt es die Privatinsolvenz. Sollen doch diejenigen, die so dumm waren, mir Geld vorzustrecken, die Zeche bezahlen.

Wenn „unsere" Bahn privatisiert wird, möchte der Käufer doch Profit machen. Auf unsere Kosten. Warum können wir, ich meine der Staat, diesen Profit nicht selbst machen?

Mich würde einmal interessieren, wie viel ein Regierungswechsel kostet. Neue Stellen, Abfindungen, Pensionen, Einrichtungen und was sonst noch dazugehört.

Wenn die Bevölkerung schrumpft, müsste bei gleichbleibender Produktivität für den Einzelnen mehr da sein.

Gibt es in der Gesellschaft jemanden, der die Schwankungen der Wechselkurse versteht? „Versteht" meine ich, nicht „erklärt".

Eine gute Bekannte schluckte drei verschiedene Antibiotika. Von drei verschiedenen Ärzten verschrieben. Besser wurde es nicht.

Was geht dem Staat, also uns, eigentlich durch Tauschgeschäfte verloren? Du gibst mir das, ich gebe dir dafür jenes in gleichem Wert. Das ist Schattenwirtschaft ohne Unrechtsbewusstsein.

Kernkraftwerke? Wenn das nächste explodiert, was machen wir dann, wenn wir nicht sterben? Gibt es in Zukunft wirklich sichere Atomkraft? Stichwort Hochtemperaturreaktor. Deren Sicherheit ist auch Spekulation.

Werden Krankenkassenbeiträge erhöht, besteht die Gefahr, dass aus Wut mehr beansprucht wird.

Zum Schluss bitte ich um Entschuldigung dafür, dass ich als ein großer Verehrer des weiblichen Geschlechtes immer von den Politikern, den Bürgern usw. spreche und nicht von Bürgerinnen oder Politikerinnen. Ich verneige mich beschämt vor den Frauen als Vertreterinnen der besseren Menschen.

14. **Hoffnung**

Kürzlich fragte mich ein hochgebildeter Kirchenmann, was ich den jungen Menschen als Trost zurufen würde. Spontan sagte ich, das könne ich nicht, fügte dann aber hinzu, sie sollten den Glauben und die Liebe nicht verlieren. Bei näherem Nachdenken fand ich das zwar richtig, aber zu ungenau.

Denken wir 60 Jahre zurück. Ich erinnere mich an die häufigen Worte meiner Großmutter, in deren Augen alles schlecht zu sein schien. Es handelte sich wohlgemerkt nicht um die Nazizeit, sondern um die fünfziger Jahre. Die Jugend war in ihren Augen faul, unzuverlässig, genusssüchtig. Die Erwachsenen dachten nur an den Wohlstand, an Urlaube. „Das war ‚zu Kaisers Zeiten' viel besser", sagte sie. Zucht und Ordnung herrschten, verbrämt klang der Radetzkymarsch durch. In Wirklichkeit gab es damals viel Armut, sozialen Abstieg, Unmut, ja Hass zwischen den Schichten der Bevölkerung. Man denke an die Reichstagsrede Bismarcks, der, gedrängt von der Sozialdemokratie, ein bisschen mehr Gerechtigkeit einforderte. Zitat: *„Wenn es keine Sozialdemokratie gäbe ... würden die mäßigen Fortschritte, die wir überhaupt bisher gemacht haben, auch noch nicht existieren ... und insofern ist die Furcht vor der Sozialdemokratie in Bezug auf denjenigen, der sonst kein Herz für seine armen Mitbürger hat, ein ganz nützliches Element."* Das war eine kleine Revolution gegenüber früheren Zeiten, wo der kleine Mann vielfach wirklich darbte und die Könige und Fürsten und gewisse Stände den Reichtum für sich gepachtet hatten.

Das heißt, es war alles ähnlich wie jetzt. Vermutlich in vielem schlechter. Denn wir haben heute, bis auf wenige Ausnahmen, eine warme Wohnung, genug zu essen und dergleichen. Natürlich ist Besseres denkbar, und ich glaube, viele bemühen sich ehrlich. Aber die menschliche Natur lässt leider einen optimalen Zustand mit Gerechtigkeit und annähernd gleichem Glück für alle nicht zu. Aber streben danach darf man. Vor allem sollte man nicht resignieren. Die Sorgen unserer Vorfahren waren andere als die heutigen. Sie sahen sich direkt von der Armut, dem Hunger und der Krankheit ohne wirklich heilende Medizin bedroht. Die Kindersterblichkeit war groß. Heutzutage haben wir (fast) alles. Was uns bedroht, sind solche Dinge wie Terrorismus (A), Klimakatastrophe (B) und die Angst vor dem Verlust des Wohlstandes (C). Aber so wie die früheren Krisen und Ängste weitgehend verschwanden und durch etwas anderes ersetzt wurden, so wird das auch mit unseren heutigen Sorgen sein.

(A): Das Klima wird man durch neue Techniken und mehr Einsicht in Zukunft besser schützen können.

(B): Der Terrorismus wird sich erledigen. Spätestens dann, wenn die Drahtzieher selbst am eigenen Leib spüren werden, was Schmerz und Tod bedeuten. Wenn nicht mehr verblendete Idealisten ihr Leben fortgeben, weil sie merken, dass sie, noch mehr ihre Mütter und Familien, einem Irrtum zum Opfer gefallen sind. Wenn die Lehre aus der Geschichte gezogen wird, dass ein Guerillakrieg nicht mit der Brechstange zu gewinnen ist, sondern erst dann, wenn ihm die Grundlage entzogen wird, kann es zum Frieden kommen.

Solange man die Afghanen kriminalisiert, weil sie von Produkten leben, die andere Menschen in die Sucht treiben, wenn man ihnen deshalb die Erträge ihrer Mohnfelder und damit ihre Existenzgrundlage entziehen würde, ohne gleichwertigen Ersatz zu schaffen, wird es keinen Frieden geben.

Wenn man schließlich überlegt, dass manche Partisanen früherer Kriege später sogar auf die Seite der „Guten" gestellt wurden, so könnten ganz neue Ansätze zur Konfliktlösung gefunden werden.

(C): Die angebliche Superarmut der nachfolgenden Generationen wirkt schon jetzt wie ein Schreckgespenst auf die Jugendlichen, denen wir jetzt vordergründig riesige Schulden hinterlassen. Aber was heißt das? Das bedeutet, wenn jemand Schulden hat, muss an anderer Stelle ein Guthaben in gleicher Höhe bestehen. Schuldnern stehen Gläubiger gegenüber. Das können Personen sein, Staaten oder wer weiß wer. Eines Tages wird jemand von der Qualität Ludwig Erhardts kommen, der die Schuldner entlastet. Ich könnte mir vorstellen, dass die Schuldenlast nicht mehr oder nur minimal verzinst und das an Zinsen Gesparte zur Tilgung genutzt wird. Es sollte, nein, es muss auf jeden Fall anders sein als nach den beiden Weltkriegen, als die Masse der Menschen bestraft wurde und einige wenige sich ins Fäustchen lachen konnten.

Ein Blick in die Zukunft kann vielleicht sein, wie die Verschuldung Griechenlands aufgelöst wird.

Ich antworte auf die eingangs gestellte Frage, was ich jungen Leuten sagen würde: aus der Vergangenheit lernen, dass *gegenwärtige* Sorgen sich überholen werden. *Zukünftige* können wir beeinflussen. An die Stelle von Resignation und Angst sollte Dankbarkeit treten, dass das Leben, so wie es ist, gelebt werden kann.

15. **Wachstum und Zukunft**

rnst zu nehmende Persönlichkeiten hielten zu Beginn des Jahres 2010 ein Wirtschaftswachstum für möglich und unbedingt nötig. Man wiederholte gebetsmühlenartig, was zu Prof. Erhardts Zeiten noch zu Recht propagiert wurde. Damals war der Wiederaufbau Deutschlands in vollem Gange, aus „nichts" musste mehr werden. 1990 stand die Wiedervereinigung im Fokus, weshalb Wachstum auch zu diesen Zeiten sinnvoll und möglich gewesen ist. Auch heute ist manches wünschenswert. Zum Beispiel der Wohlstand für alle und nicht mehr das Leben an der Armutsgrenze vieler Menschen. Die einen setzen dabei auf Wachstum, andere propagieren für dieses Ziel eine Umverteilung von Reich zu Arm. Wieder andere fordern den Zwang zur Arbeit für alle und vergessen, dass Arbeitsplätze Mangelware sind. Alle drei Thesen sind nicht der Weisheit letzter Schluss. Gibt es einen „Königsweg"?

Nehmen wir die Fakten zur Kenntnis.

Zuerst der Export. Es ist fabelhaft, wie Deutschland sich durch Qualität und Innovation gegen die großen Mächte behauptet hat. In diesem Bereich mag Wachstum noch möglich sein. Nach den statistischen Daten der letzten Zeit können wir allerdings froh sein, wenn kein Rückschritt erfolgt. Wenn ich sehe, wie der Export zu einem Teil von billig importierten und dann in Deutschland zusammengebauten Einzelteilen profitiert, wobei keiner weiß, wie lange das noch gut geht, so ist das kein gutes Omen. Dass China Deutschland als Exportweltmeister ablöst – es baut z. B. schon heute seine Autos überwiegend selbst – ist ein Signal für die weitere Entwicklung. Sehr viele Deutsche wandern jährlich aus. Ein großer

Teil davon ist hoch qualifiziert. „Nachsickern" tun überwiegend ungelernte Kräfte. Das heißt, wir werden, jedenfalls was die Qualifikation von Arbeitskräften anbelangt, nicht besser. Es sei denn, eine bessere Bildung greift, weswegen sie für uns von enormer Bedeutung ist. Die Hilfe von Maschinen und Innovationen hat die Konkurrenz mittlerweile auch. Somit ist der Export kaum noch eine Zukunftsvision.

Inland: Abgesehen von einigen Ausnahmen ist in den letzten Jahren die Kaufkraft der überwiegenden Mehrheit der Menschen nicht gestiegen. Jedem, der sich informiert, muss klar sein, dass im kommenden Jahr die Realeinkommen nicht steigen werden, was eine Stagnation der Kaufkraft bedeutet. Wie soll aber dann mehr verbraucht werden? Immer öfter wird unverhohlen ausgesprochen, dass der Bürger mehr bezahlen soll, weil die Städte und Gemeinden verarmen. Nicht nur sie, auch der Bund und die Länder sind in Geldnot. Sollen die Menschen nun mehr Schulden machen, ihre Altersversorgung abschmelzen und Erspartes ausgeben, um mehr Autos zu kaufen, mehr zu essen und zu trinken, öfter ins Kino zu gehen, überhaupt mehr zu konsumieren? Wenn man sich so verhalten würde, dann wäre das kurzsichtig gedacht und könnte zu Preiserhöhungen (wegen steigender Nachfrage) führen, an denen klammheimlich einige wenige überproportional viel profitierten. Diese Preiserhöhungen würden besonders die Bevölkerungsgruppen ärmer machen, die mit lächerlich kleinen Summen auskommen müssen. Ob das allen klar ist?

Im gebräuchlichen Sinne kann Wirtschaftswachstum jedenfalls nicht die Heilsbotschaft sein. Der Umsatz vermag nur zu steigen, wenn Ersparnisse aufgebraucht oder Schulden gemacht werden. Das kann ich nicht als gute Lösung sehen.

Eine Umverteilung von oben nach unten klingt nach Gerechtigkeit und scheint, folgt man Hans-Ulrich Jörges (s. Seite 54), auch möglich zu sein. Sie hat aber nur einen vorübergehenden Effekt, weil das zu verteilende Potenzial bald ausgeschöpft sein dürfte.

Kann Miteigentum eine Lösung sein? Dazu ein Beispiel: Mein Großvater hat sich vom Bauchladenverkäufer zum Fabrikeigentümer mit 1.000 Angestellten hochgearbeitet. Eines Tages forderten seine Mitarbeiter ihren Anteil am Vermögen. „In Ordnung", sagte mein Großvater, „jeder bekommt 1.000 Mark von meiner Million. Ich verkaufe die Fabrik, die mein Vermögen ist, und zahle euch aus." Das wollte dann keiner. Aber etwas ist daran richtig und wird durch Miteigentum an den Werken auch schon praktiziert. Aber sollen die Staatsdiener dann auch Anteile am Staat bekommen – und wo bleiben die Rentner? Ergo kann die Umverteilung durch Miteigentum nur für bestimmte Gruppen eine Lösung sein.

Zwang zur Arbeit? Das ist kein guter Weg. Aber das Streben nach Arbeit sollte attraktiv und genügend Arbeitsplätze müssen vorhanden sein. Kluge Geister werden Möglichkeiten dazu finden. Ein gutes Zeichen ist, dass Kurzarbeit inzwischen praktiziert wird.

Ich komme zurück auf das Wirtschaftswachstum, was, wie geschildert, nach meiner Auffassung nicht mehr dauerhaft realistisch sein dürfte. Und doch können wir wachsen und besser werden. Nämlich in der Qualität in vielerlei Hinsicht: Im Miteinander mit etwas weniger Ichbezogenheit, in der Produktqualität und beim Arbeitsplatzklima. Was hindert uns daran, bessere Bedingungen für die Jungen und die Alten zu erstreben, zudem eine bessere Honorierung für alleinerziehende Mütter und Väter, mehr Verständnis für die Behinderten sowie Toleranz und Integration gegenüber ausländischen Mitbürgern? Wobei ich allerdings auch Gegentoleranz für selbstverständlich halte.

Vor allem Wachstum in der Besinnung auf unsere christlichen Werte, die ja auch zum größten Teil europäische Werte darstellen, sollte unser Ziel sein. Besonders die Zehn Gebote und die Bergpredigt, in der Jesus Christus sagte: „Alles nun, was ihr wollt, dass euch die Menschen tun, sollt ebenso auch ihr ihnen tun." Ich erlebe im Bereich der Krankheit und der Altenfürsorge sehr viel Liebe und Fürsorge im christlichen Sinne. Aber in vielem haben wir uns davon entfernt. Es lohnt sich, immer wieder darüber nachzudenken. Denn wir leben in der abendländischen Welt, in der die christlichen Ideale zwar für gut befunden, aber nicht unbedingt gelebt werden. Stattdessen wird das Materielle übergewichtet und Gemeinsinn unterbewertet.

Wenn ich mit politisch interessierten Partnern rede, glaubt kaum noch einer an ein Wirtschaftswachstum. Ich stelle mich also nicht ins Abseits, wenn ich seinen Wert für die Zukunft in Zweifel ziehe. Dazu eine Anmerkung: Früheres, damals noch sinnvolles, Wachstum hat hohe Arbeitslosigkeit nicht verhindern, sondern nur mildern können. In den vergangenen zwei Jahrzehnten wurde der Wohlstand der meisten Menschen nicht gesteigert. Der Müllberg wurde immer höher. Vollwertige Arbeitsplätze haben sich mehr als halbiert.

Ich nenne weitere Möglichkeiten für Wachstum, z. B. in puncto:

- noch einmal Miteinander
- Verständnis füreinander
- Streben nach Gerechtigkeit
- Grundbildung
- Weiterbildungsangebote

- gerechtere Chancen für Bildung
- Zufriedenheit
- Ehrlichkeit und Fairness
- weniger Egoismus
- weniger Angst vor der Zukunft
- Verlässlichkeit
- gegenseitige Achtung und Toleranz
- mehr Miteinander am Arbeitsplatz und zu Hause
- Verzicht auf zerstörerische Drogen
- Verzicht auf Neid
- weniger Zerstörung der Erde
- Sparsamkeit im Verbrauch der Schätze der Erde
- Erfindergeist

Charlie Chaplin hielt in dem Film „Der große Diktator" eine flammende Rede gegen die Diktatur. Wir haben sie gottlob nicht mehr in unserem Land. Aber uns bleibt noch genug zu verbessern, sodass seine Worte zum Großteil noch heute gelten. Ich will aus der Rede einige Aussagen zitieren:

„In dieser Welt ist Platz für jeden und sie ist reich genug, jeden satt zu machen.

Die Habgier hat das Gute im Menschen verschüttet.

Im 17. Kapitel des Evangelisten Lukas steht: Gott wohnt in jedem Menschen.

Zuerst kommt die Menschlichkeit und dann erst die Maschine.

Lasst uns kämpfen für eine schönere und gerechtere Welt. "

Besser kann es nicht ausgedrückt werden.

Nachwort

Auch dieses Buch erforderte wieder, wie meine beiden anderen, viel Verständnis der Familie. Ich danke ihr und besonders meiner Frau für ihre Geduld und die wertvollen Anregungen.

Dank auch an meine Freunde und die vielen Mitmenschen, die mit mir diskutierten und deren Probleme mir am Herzen liegen.

Schließlich bedanke ich bei meinen Patienten, die mir vertrauen. Durch die Schilderung ihrer Sorgen offenbart sich mir vieles bislang Unbekanntes. So kann ich meine Schlussfolgerungen nicht nur aus meinen eigenen Erfahrungen, sondern auch aus dem realen Leben der anderen ziehen.

Meine Gespräche mit Politikern zeigen mir ihr ehrliches Bemühen, sodass ich ihnen ein ganzes Kapitel widmete.

Mein Dank gilt auch den Medien, die durch ihre Arbeit das gesellschaftliche Leben transparent machen.

Wenn es mir gelungen sein sollte, etwas mehr Verständnis füreinander zu wecken, hat sich die Mühe gelohnt.

Stichwortverzeichnis

Maximaltherapie 29, 30
Medien 19, 85
Medical Tribune 66
Medizin 21 ff., 76
Mehrwertsteuer 52
Miegel, Meinhard 13
Miteigentum 81
Miteinander, Gemeinsinn 11, 14, 36, 43, 49, 81 ff.
Muss, Uwe 25
Mütter, alleinerziehend 20, 50, 81

N   Naturheilkunde 28
Nikotin 30

P   Politiker 15, 19 ff., 35
Produktivität 44

Q   Qualität 27, 77, 81

R   Red Toryism 61 ff.
Rente 15, 20, 47 ff.
Rentenerhöhungen 51
Rentengarantie 48
Rohde, Helmut 14, 16, 47
Rösler, Philipp 21

S   Sandburg 22
Schiller, Karl 14
Schmidt, Helmut 48
Schleicher, Peter 27
Schröder, Gerhard 61
Schulmedizin 28
Selbstheilung 26

Lebenslauf

Lutz Osterwald, promovierter Arzt und jahrzehntelang Leiter der städtischen HNO-Klinik in Hannover, hat sich nach der Pensionierung mit teilweise sehr erfolgreichen Erfindungen beschäftigt und bisher zwei gesellschaftskritische Bücher geschrieben. Mitgründer des gemeinnützigen Vereins „Medcare for people in Eritrea" zum Bau und zum Unterhalt einer inzwischen fast fertigen HNO-Klinik in Eritrea. Näheres unter www.lutz-osterwald.de.

Bisher vom Autor erschienen:

Lutz Osterwald
Wir können doch etwas tun!
ISBN-10: 939533-47-5
Paperback – 148 Seiten

Geleitwort von Dr. Hans-Jochen Vogel

„Dies ist ein Buch, das für junge Menschen
in unserer Republik sehr nützlich sein kann,
denn es ist von Einsicht und Durchblick ge-
kennzeichnet, und gerade das brauchen die
jungen Menschen heute ganz besonders."

Christa Meves

Vorsitzende des Vereins
„Verantwortung für die
Familie e. V." und Autorin

Ein engagiertes Buch eines Autors, der nicht aufgibt und daran
glaubt, dass Menschen kritisch denken und Wege für die Zukunft
finden können. Der Dialog zwischen Opa und Max macht es zu einer
Art „Mehr-Generationen-Projekt", und nicht nur das: Die Dialog-
form macht das Buch spannend und regt zum Mitdenken an.

Notker Wolf

Abtprimas des Benediktinerordens in Rom

Lutz Osterwald
Rentner dürfen nicht ärmer werden
Krisenbewältigungen für jung und alt
ISBN 978-3-8334-7565-8
Paperback – 96 Seiten